CALMA
SOB
PRESSÃO

HENRIQUE MEIRELLES

CALMA SOB PRESSÃO

O QUE APRENDI COMANDANDO O BANCO DE BOSTON, O BANCO CENTRAL E O MINISTÉRIO DA FAZENDA

Coordenação editorial
Thomas Traumann

Planeta

Copyright © Henrique Meirelles, 2024
Copyright © Editora Planeta do Brasil, 2024
Todos os direitos reservados.

Depoimento feito aos jornalistas: Thomas Traumann, Leandro Loyola
e Karla Correia
Revisão técnica: Guilherme Tinoco
Preparação: Diego Franco Gonçales
Revisão: Ana Maria Fiorini
Projeto gráfico e diagramação: Negrito Produção Editorial
Capa: Renata Spolidoro

CIP-BRASIL. CATALOGAÇÃO NA PUBLICAÇÃO
Angélica Ilacqua CRB-8/7057

Meirelles, Henrique, 1945-
  Calma sob pressão / Henrique Meirelles ; depoimentos feitos aos jornalistas Karla Correia, Leandro Loyola, Thomas Traumann. – São Paulo : Planeta do Brasil, 2024.
  192 p.

  ISBN: 978-85-422-2782-6

  1. Economistas – Brasil – Biografia. 2. Política monetária – Brasil – História. 3. Banco Central do Brasil – História. I. Título. II. Correia, Karla. III. Loyola, Leandro. IV. Traumann, Thomas.

24-3287   CDD 330.092

Índice para catálogo sistemático:
1. Economistas – Brasil – Biografia

Ao escolher este livro, você está apoiando o manejo responsável das florestas do mundo

2024
Todos os direitos desta edição reservados à
EDITORA PLANETA DO BRASIL LTDA.
Rua Bela Cintra, 986, 4º andar – Consolação
São Paulo – SP – 01415-002
www.planetadelivros.com.br
faleconosco@editoraplaneta.com.br

Sumário

7   Prefácio do presidente Luiz Inácio Lula da Silva
11   Prefácio do ex-presidente Michel Temer
17   Prólogo
       O convite para o Banco Central
23   Capítulo 1
       De Goiás a São Paulo (1945-1965)
31   Capítulo 2
       Da engenharia à economia (1965-1975)
37   Capítulo 3
       No Banco de Boston, no Brasil (1974-1996)
51   Capítulo 4
       Para além de um banqueiro (ações sociais e na cultura)
61   Capítulo 5
       Ir ou ficar (1996)
69   Capítulo 6
       Um brasileiro na Nova Inglaterra (1996-2002)
85   Capítulo 7
       O banqueiro do PT (2002-2003)
97   Capítulo 8
       Sob fogo amigo (2003-2008)

123 Capítulo 9
No olho do furacão – a crise do *subprime* (2008-2010)

139 Capítulo 10
O futuro é digital (2011-2016)

151 Capítulo 11
Construindo o teto (ministro da Fazenda, 2016-2018)

165 Capítulo 12
Chama o Meirelles! (a campanha presidencial de 2018)

175 Capítulo 13
A saúde a gente vê antes (a pandemia na Secretaria da Fazenda e Planejamento de São Paulo, 2019-2022)

185 Capítulo 14
As ideias ficam (2022-2023)

PREFÁCIO

"A LEALDADE AO NOSSO PROJETO DE CRESCIMENTO COM INCLUSÃO SOCIAL"

Henrique Meirelles prestou um serviço extraordinário ao Brasil. Na sua gestão à frente do Banco Central, pelos oito anos dos meus primeiros governos, o PIB do país cresceu em média 4% ao ano, chegando a 7,5% no final do meu governo, em 2010. Batemos recorde na geração de empregos com carteira assinada e resgatamos milhões de brasileiros da extrema pobreza. Zeramos a dívida com o FMI e o Brasil conquistou o *investment grade*.

Mas a minha admiração pelo Meirelles não se limita aos números positivos da economia. Faço questão de destacar a lealdade dele ao nosso projeto de crescimento econômico com inclusão social.

Nunca me esqueço da sua corajosa atitude de abrir mão do mandato de deputado federal – tendo sido o mais votado por Goiás – para assumir a presidência do Banco Central naquele momento, quando o recém-eleito governo do PT provocava um temor infundado no setor financeiro.

Meirelles ajudou a dar credibilidade, inclusive internacional, ao meu governo. Pude contar com ele nos momentos mais difíceis, como na crise financeira mundial de 2008, quando transformamos um tsunami em marolinha. O Brasil foi o último país a entrar na crise, e o primeiro a sair dela.

Até hoje me lembro do otimismo do Meirelles, me dizendo: "Presidente, tudo vai dar certo. O Brasil vai decolar". E o Brasil decolou de fato, como na ilustração de capa da revista *The Economist* que mostrava o Cristo Redentor em forma de foguete.

Além de sucesso na economia, minha relação de confiança com o Meirelles teve um simbolismo extraordinário. Mostrou que um petista e um tucano, um presidente de origem operária e um banqueiro, podem deixar de lado as divergências e trabalhar pelo bem do Brasil e do povo brasileiro.

Luiz Inácio Lula da Silva
Brasília, maio de 2024

PREFÁCIO

"ECONOMIA SE RESOLVE COM CREDIBILIDADE. MEIRELLES TINHA CREDIBILIDADE"

Uma das grandes escolhas que eu fiz quando assumi a Presidência da República foi trazer o Henrique Meirelles para cuidar da área econômica. Eu já o conhecia desde 2002, logo que ele voltou ao Brasil. Ele aspirava ser candidato e me procurou, porque eu era presidente do PMDB na ocasião. Sequencialmente estivemos juntos em muitas oportunidades.

Eu sempre tive a melhor das impressões do Meirelles, não só como alguém que teve um sucesso extraordinário na iniciativa privada, mas também na atividade pública, como presidente do Banco Central no tempo do presidente Lula. No tempo da presidente Dilma Rousseff, eu sugeri que o Meirelles fosse ministro da Fazenda.

Quando eu percebi que ia assumir a Presidência, em 2016, eu sabia que precisava montar uma área econômica de qualidade. Eu logo pensei em chamar o Meirelles. Quem me falou dele a primeira vez foi o deputado Sandro Mabel, de Goiás como o Meirelles. "Você conhece o Meirelles? É um sujeito formidável." Lembro que, pouco antes de assumir, quando as coisas estavam praticamente definidas, eu conversei com ele no Palácio do Jaburu e acertamos os ponteiros "Vamos em frente, você vai ser ministro da Fazenda".

A partir daí, montamos uma equipe econômica que deu imensos resultados ao país. Ele me trouxe o nome do Ilan Goldfajn para o Banco Central, que eu conhecia e logo aceitei. Trouxe a Ana Paula Vescovi para o Tesouro Nacional, o Eduardo Guardia como secretário-executivo do Ministério da Fazenda, o Mansueto Almeida na Secretaria de Acompanhamento Econômico. Ele foi me trazendo os nomes, alguns eu não conhecia, mas ele avalizava e eu concordava. Montamos uma equipe estupenda a partir do Meirelles.

A interação entre o presidente da República e o ministro da Fazenda é fundamental para um governo ter sucesso no Brasil, dadas as nossas particularidades. Economia é um dos arrimos de um governo. Eu e Meirelles tínhamos essa boa interação. Eu tomava cuidados. Conversava com o Meirelles, com o Ilan, mas não dizíamos a ninguém, tomávamos um cuidado extraordinário. Tínhamos um diálogo muito fácil.

Quando assumimos o governo, o PIB era negativo em 5,4%. Pensamos que os pontos centrais eram reduzir a inflação e os juros e recuperar o PIB. Como começar? Estabelecer um teto para as despesas públicas. O Meirelles fez as ponderações sobre a situação, eu ouvi e logo concordei. Foi aí que surgiu a Emenda Constitucional do teto de gastos, que foi uma solução para o país e onde tudo começou. No primeiro orçamento que fizemos, havia previsão de um déficit de R$ 179 bilhões; no segundo, esse valor caiu para R$ 139 bilhões, e no terceiro, que delegamos ao governo seguinte, para R$ 119 bilhões – fruto do teto de gastos. Evidentemente que o teto de gastos foi muito oportuno.

Nós conversávamos muito, não só durante a semana, como também nos fins de semana: eu, Meirelles, Moreira Franco, Eliseu Padilha, Antônio Imbassahy e Carlos Marun nos reuníamos sábado, domingo no Jaburu. Claro que o Meirelles tinha uma visão extremamente técnica sobre as questões, e eu tenho uma visão política. Eu achava extraordinário no Meirelles o seguinte: ele tinha um gesto muito curioso, de levantar o dedo indicador e falar "tem razão, eu vou examinar isso". E depois trazia uma solução que era tecnicamente hábil e politicamente adequada.

Meirelles tinha muita credibilidade, por isso eu não o deixava somente na área econômica. Pedia a ele para negociar a reforma da previdência e outros temas. Pedia a ele para ir ao presidente da Câmara, do Senado, reunir-se com deputados e senadores porque tínhamos temas complicados. Convenhamos: a Reforma da Previdência – que foi aprovada depois, em 2019 – era complicadíssima. Ele ajudava muito, ia conversar com todos. Meirelles é um bom ouvinte. Embora seja um técnico, tinha uma postura política. Muitas vezes, o técnico não gosta de ouvir a classe política, mas ele ouvia. Isso ajudava muito na solução dos problemas, ajudou muito a recuperar a economia em dois anos e meio de governo.

No caso do teto de gastos, além do bom contato que eu tinha com o Congresso por ter sido três vezes presidente da Câmara, o fato é que o Meirelles conversava com os parlamentares, mostrava a indispensabilidade de fixar um limite para os gastos públicos – e acabou sendo convincente. Foi um momento importante do nosso governo. O teto de gastos públicos foi aprovado às 4h da manhã de um feriado, um fenômeno curioso. Eu fui parlamentar por 24 anos, é natural que, perto de um feriado, os parlamentares viajem para suas bases. Mas o pessoal ficou lá para votar.

Nós tínhamos a convicção de que não é só o Executivo que governa: só governa se tiver o apoio do Legislativo. O

Legislativo nos ajudava, dialogávamos muito, particularmente pelo Meirelles. Era preciso muito entusiasmo. Nós tivemos uma oposição muito acirrada e uma oposição institucional, dos que tentaram nos derrubar do governo. Quem tentou foi derrotado.

Quando assumimos o governo, o PIB era negativo em 5,4%; um ano e oito meses depois, era positivo em 1,8%. As empresas estatais em 2015 tiveram prejuízo de R$ 35 bilhões; em 2016, no nosso governo, tiveram superávit de R$ 4 bilhões; em 2017 foram R$ 19 bilhões e, em 2018, R$ 39 bilhões. Isso foi resultado da lei das estatais, que recuperou essas empresas, outro fruto dessa política econômica. Pegamos uma inflação de mais de 10% e entregamos com 2,75% ao ano. A taxa Selic era de 14,5% ao ano, entregamos com 6,5%. Economia se resolve com credibilidade. Meirelles tinha credibilidade, nosso governo tinha credibilidade.

MICHEL TEMER
São Paulo, maio de 2024

PRÓLOGO
O CONVITE PARA O BANCO CENTRAL

Era início de julho de 2002 e eu estava no interior de Goiás fazendo campanha para deputado federal pelo PSDB quando o celular tocou com um número de Brasília. Do outro lado estava o então deputado federal Aloizio Mercadante, um dos mais próximos interlocutores do então candidato a presidente pelo PT, Luiz Inácio Lula da Silva.

"Meirelles, em primeiro lugar, o Lula vai ganhar a eleição. Segundo: estamos pensando que você pode ser um bom presidente do Banco Central. Mas, poxa vida, não vai dar para você ser presidente do Banco Central de um governo do PT tendo sido eleito deputado federal pelo PSDB...", ele me disse.

"Aloizio, estou no meio da campanha. Não vou renunciar agora [à candidatura a deputado federal] por conta de uma hipótese. E eu disse ao Lula: 'não tomo decisões baseado em hipóteses'. Então, se de fato vocês ganharem a eleição e quiserem conversar comigo depois..."

A sondagem não me surpreendeu. Eu já havia me encontrado várias vezes com o Mercadante na casa dele, no bairro paulistano de Pinheiros, discutindo o cenário econômico em um eventual governo Lula. Embora tivéssemos ideias diferentes sobre a economia, tínhamos boa afinidade e ambos compreendíamos a gravidade daquele momento. Mas daí a renunciar à minha candidatura por um eventual convite numa hipotética vitória de Lula seria colocar a carroça na frente dos bois. Eu sempre trabalhei com fatos. No aforisma atribuído ao cronista e dramaturgo Nelson Rodrigues, "nada é mais brutal que o fato".

O fato era que Lula liderava as pesquisas com folga. Naquela semana, o Datafolha mostrava o candidato do PT com 38% das intenções de voto, o que o garantia num eventual segundo turno. O adversário, no entanto, era uma incógnita. O candidato do PSDB, José Serra, havia oscilado de 21% para 20% em um mês, mas Ciro Gomes, do PDT, estava crescendo e em um mês saltou de 11% para 18%. A hipótese de um segundo turno entre Lula e Ciro, ambos com discursos à esquerda no espectro político, assustava os mercados financeiros por todo o mundo.

Não havia dúvidas de que Lula estaria no segundo turno daquela eleição, mas assim como havia ocorrido nas suas derrotas de 1989, 1994 e 1998, faltava ao candidato do PT um apelo aos eleitores moderados. Ninguém duvidava da força política de Lula, mas muita gente em 2002 acreditava que, em função do radicalismo histórico do PT, ele perderia no segundo turno contra qualquer adversário. O mercado financeiro temia a retórica anticapitalista petista e considerava o marketing de que agora Lula havia se transformado em um "Lulinha Paz e Amor" apenas isso, marketing.

Nos sete meses daquela campanha, o dólar havia subido 25,6%, numa escalada de desconfianças que meses depois forçaria o presidente Fernando Henrique Cardoso a fechar um novo acordo de empréstimo com o Fundo Monetário

Internacional para cumprir suas obrigações mínimas. Em bom português: o Brasil estava quebrado.

O nervosismo da época pode ser resumido em uma entrevista do megainvestidor George Soros ao repórter Clóvis Rossi, publicada em junho daquele ano na *Folha de S.Paulo*. "O Brasil está condenado a eleger José Serra ou a mergulhar no caos, assim que um eventual governo Lula se instalar", disse Soros. Por seu raciocínio, o "caos viria por uma profecia que se autocumpre". Como os mercados acreditavam que Lula daria o calote nos títulos brasileiros, argumentava o investidor, eles começaram a se prevenir apostando contra o real. Isso geraria uma volatilidade no câmbio a ponto de, ao assumir, Lula herdar uma situação financeira tão dramática que não lhe restaria alternativa a não ser dar o calote, cumprindo a profecia.

Estava claro para mim que aquele telefonema extemporâneo de Mercadante não surgiu num céu azul. Era uma tentativa da campanha Lula de atenuar a ansiedade do mercado, dar algum sinal mais forte de que o seu governo seria sensato na condução da economia e reduzir a instabilidade do mercado financeiro.

Duas semanas depois daquele telefonema em que recusei a sondagem do PT, Lula foi convencido pelos assessores a divulgar a famosa *Carta ao povo brasileiro*, na qual afirmava o seu compromisso com o cumprimento dos contratos e descartava qualquer calote.

Eu não podia imaginar que seria um dos responsáveis por transformar as promessas daquela carta em realidade.

CAPÍTULO I
DE GOIÁS A SÃO PAULO (1945-1965)

Meus pais eram profundamente religiosos, viviam para a família e transmitiram para os filhos o ideal de que nada vinha fácil, mas que o trabalho duro seria recompensado. Minha mãe, Diva, era filha de um grande comerciante e pecuarista de Anápolis, maior cidade de Goiás até a primeira metade do século xx. Meu avô, Sanito, era uma figura influente, havia sido presidente da Câmara dos Vereadores e prefeito da cidade mais de uma vez. Sua família estava em Goiás desde o século xviii. Meu pai, Hegesipo, era de Santa Luzia, hoje Luziânia, cidade do entorno de Brasília. Ele veio de uma família que vendia fertilizantes e herbicidas e que havia chegado a Goiás no século xix.

Eles se conheceram quando meu pai foi ser professor em Anápolis na mesma escola na qual minha mãe era diretora. Apaixonaram-se, se casaram e decidiram se mudar para a capital do estado, que à época era a cidade de Goiás. Fundada em 1729, com o estilo barroco do ciclo do ouro ainda preservado, Goiás tinha uma das mais antigas faculdades de Direito do país. Ser advogado era o sonho do meu pai, e para lá eles foram. Em 1934 nasceu Tales, meu irmão mais velho.

No final dos anos 1930, o estado de Goiás era em tudo distante da potência agro do século XXI. A população total do estado, que à época compreendia os territórios atuais de Goiás e Tocantins, era de apenas 826 mil habitantes, e mais de 80% vivia na zona rural. As estradas para o estado eram ruins, o que dificultava o acesso aos centros urbanos do Rio e de São Paulo. O Centro-Oeste era uma região com tão pouco acesso ao resto do país que a ditadura Vargas iniciou um programa chamado Marcha para o Oeste para incentivar a migração e o desenvolvimento da região. Pedro Ludovico Teixeira, o então governador de Goiás (cargo que na ditadura do Estado Novo tinha o nome de interventor), resolveu transferir a capital do estado para uma cidade planejada do zero, Goiânia, por razões similares às que anos depois fariam Juscelino Kubitschek levar a capital federal para Brasília.

Já formado em Direito, meu pai mudou-se com a família para o canteiro de obras de Goiânia em 1937. Foi diretor da Penitenciária Pública de Goiânia e secretário de Segurança Pública. A cidade em si foi inaugurada em julho de 1942, três anos antes do meu nascimento. Quando Getúlio Vargas foi deposto em 1945, meu pai foi nomeado governador interino do estado por algumas semanas, até a eleição do novo governador.

Goiânia existia, mas minha mãe era de Anápolis e decidiu que eu deveria nascer lá. Quando minha mãe decidia, era melhor não discutir. Por envolver o deslocamento entre as duas cidades (uma distância de pouco mais de cinquenta quilômetros), essa decisão envolveu um personagem inesperado: um *serial killer*. Vou contar isso por partes.

Havia naquela época um procedimento legal pelo qual, depois de ter cumprido parte do tempo da pena, um condenado poderia passar para a liberdade condicional caso alguma autoridade se responsabilizasse pelos seus atos fora da cadeia. Como diretor da Penitenciária do Estado e secretário de Segurança, meu pai tinha um comportamento legalista e um relacionamento bom com os detentos.

José Lourenço era o que hoje chamamos de *serial killer*. Havia sido condenado pelo assassinato de 21 pessoas, mas nos anos 1940 já havia cumprido a maior parte da sua pena. Numa decisão tipicamente dele, de alguém que acredita no ser humano, meu pai então assumiu a responsabilidade pela liberdade condicional do Zé Lourenço. E o Zé Lourenço, portanto, saiu da prisão e foi ser o nosso motorista.

À época, o Brasil passava por um racionamento de combustível. Quando havia gasolina nos postos podia-se comprar quanto pudesse, mas o abastecimento era irregular. Por isso, quando a minha mãe começou a dar sinais de que ia ter um parto prematuro, criou-se uma situação de quase pânico. Havia o desejo, quase determinação, de que eu nascesse em Anápolis, mas não podia faltar combustível para a viagem.

Foi quando o Zé Lourenço contou que havia estocado gasolina em latas de querosene e as enterrado no quintal. Era o suficiente para a emergência. Assim, quando chegou a hora, eu nasci em Anápolis como queria minha mãe.

O Zé Lourenço continuou como motorista da minha família por algum tempo, e depois meu pai o ajudou a comprar um automóvel para ser taxista. Quando eu era jovem, ainda sem idade para dirigir, era o Zé Lourenço que me levava em seu táxi para os lugares. Ganhamos intimidade, e um dia perguntei:

"É verdade que você matou 21 pessoas?"

"Sim, senhor.", ele confirmou.

"Mas por quê?"

"O senhor sabe como é que é, às vezes eu estava em paz, sem problema nenhum, e as pessoas... o sujeito começava a me provocar e eu ficava nervoso... aí me dava um branco. Quando eu acordava e me dava por mim, tinha um morto deitado no meu pé."

Felizmente, durante todos os anos em que convivi com o Zé Lourenço, nunca o vi nervoso. Acho que quando meu pai o ajudou, isso teve um efeito mais profundo nele. Ele cumpriu a pena decretada pela Justiça com bom comportamento no presídio, recebeu uma nova oportunidade, a agarrou e nunca mais teve aqueles "brancos". Meu pai, que acreditava na regeneração das pessoas, teve no Zé Lourenço um caso de sucesso.

*

Quando chegou a hora do que hoje chamamos Ensino Médio, dona Diva soube respeitar a minha vontade, ao mesmo tempo que me ensinava a assumir as consequências de meus atos. Como minha família era muito católica, o normal seria ir para o Ateneu Dom Bosco, dirigido pelos padres salesianos. Mas eu preferi ir para o colégio público, o Lyceu de Goiás.

Era o começo dos anos 1960, o Brasil estava em ebulição e o Lyceu era o centro da agitação política em Goiânia. O movimento estudantil se concentrava no Ensino Médio e não nos diretórios acadêmicos dos cursos universitários, ainda restritos a poucos estudantes. O Lyceu tinha um centro estudantil muito ativo, o Grêmio Literário Félix de Bulhões.

Comecei a me interessar por política. Escrevi um artigo que eu mesmo preguei no mural e fui convidado para ser subsecretário de esportes do grêmio. Só que havia um problema: eu não praticava esportes. O que eu sabia era organizar, então passei a promover torneios, virei secretário-geral e depois ganhei a eleição para presidente com 91% dos votos.

O ano era 1963, e o movimento estudantil era um dos eixos de apoio ao governo João Goulart. Foi quando me candidatei a presidente da chapa de oposição à diretoria da União Goiana dos Estudantes Secundaristas (UGES). Fiz isso de forma independente, contra um grupo que dominava há tempos a entidade. A eleição era indireta, via delegados em um congresso, e a minha chapa teve ampla maioria de votos.

Apesar da derrota, a diretoria perdedora da UGES seguiu ocupando a sede da entidade, na região do Lago das Rosas, em Goiânia – ou seja, ganhamos, mas não levamos. Nossa chapa organizou uma passeata na avenida Anhanguera para exigir a sua saída. Eles ergueram uma barricada de resistência. Eram umas trinta ou quarenta pessoas entrincheiradas na sede, cercada com arame farpado, e estavam armados. Como a avenida ainda estava sendo asfaltada, havia muitas pedras soltas. A possibilidade de um confronto sangrento era grande.

Chegando em frente à sede da entidade, a multidão parou e eu fui sozinho. Um estudante que estava na trincheira se levantou e ficou em pé com o revólver na mão, tremendo: "Henrique, volta, senão eu te mato". Com a impetuosidade típica da juventude, eu não voltei. Ele deu seis tiros. Felizmente, errou os seis. Um colega passou correndo por mim e foi em direção ao portão da casa, aproveitando uma brecha de um metro onde não havia arame. Quando estava chegando perto, levou uma tijolada na testa. Só que ele se levantou, ensanguentado, e gritou para a multidão: "Vamos!". A multidão invadiu, e os rapazes da diretoria antiga saíram correndo, perseguidos pelos outros estudantes.

Depois houve contestação judicial à nossa vitória, eles voltaram à sede, e eu criei uma outra entidade chamada Confederação Goiana dos Estudantes. Com os meses, ficou claro que nós é que tínhamos a representação real dos secundaristas goianos.

Foi um dos períodos mais ricos da minha vida. A política consumiu o meu tempo. Viajava muito para o interior, promovia reuniões e até liderei um movimento pela redução do preço da passagem de ônibus em Goiânia.

Em 1965, eu deixei Goiânia, mudei-me para São Paulo e fiz um cursinho para o vestibular da Escola Politécnica da Universidade de São Paulo. Quando fui aprovado na Poli, meus pais decidiram se mudar comigo para São Paulo. Meu pai era advogado, prestava serviços jurídicos ao Banco do Estado de Goiás e assumiu as causas do banco na Justiça paulista. Ele ia ao Fórum todos os dias e trabalhou como advogado até morrer, aos 93 anos.

CAPÍTULO 2
DA ENGENHARIA À ECONOMIA (1965-1975)

Eu estudava engenharia na Escola Politécnica da Universidade de São Paulo, conhecida como Poli, mas não tinha certeza se queria ser engenheiro. A decisão veio quando eu estava no terceiro ano e, junto com um colega da área de engenharia de produção, o Hugo Marques da Rosa, abrimos uma empresa de fabricação de artefatos de concreto chamada Diagrama.

A fábrica da Diagrama ficava em Diadema, na Grande São Paulo, e vislumbrei a possibilidade de um grande negócio na região de Itaquera, perto de onde desde 2014 fica o estádio do Corinthians. Naquela época, havia na região um projeto enorme de construção de casas populares, e a favorita na concorrência para o fornecimento de blocos de concreto era uma grande empresa chamada Reago. Era difícil competir.

Descobrimos que havia uma pedreira desativada próxima do local da construção das futuras casas e vimos nisso uma oportunidade para o nosso negócio. Um dos componentes mais caros desse tipo de projeto é a areia, que além do valor do próprio produto tem o adicional de custo de transporte.

Nós havíamos desenvolvido um produto de construção que, em vez da areia, usava um pó de pedra. Tínhamos um produto inovador e um fornecedor ao lado da obra, reduzindo significativamente o custo de transporte. Ao mesmo tempo, havia na planta onde ficariam as casas a serem construídas um grande depósito de cimento da construtora da obra, a CCA, Companhia de Construtores Associados.

Com o produto novo e a logística otimizada, ganhamos da concorrência. A empresa que fornecia o pó de pedra, o pedrisco e a cimenteira nos dava um prazo de financiamento. Em compensação, nós dávamos um prazo para a construtora. A estrutura de prazo fazia com que nós tivéssemos um prazo um pouco maior no nosso fornecimento do que na venda, o que significava que nosso financiamento era, na prática, dado pelos fornecedores. Não precisávamos recorrer aos bancos, o que também gerava um ganho enorme de custo financeiro.

Tudo parecia perfeito. Mas, conversando depois com alguns professores de engenharia da Poli-USP, notei que o nosso projeto tinha uma fraqueza. "Vocês analisaram o crédito da CCA?", perguntou um professor. A resposta imediata foi dizer que a construtora era grande. Apesar disso, ele me aconselhou a investigar.

O conselho me fez repensar o projeto. Tudo funcionava bem desde que a construtora CCA pagasse no prazo. Só poderíamos pagar os fornecedores se já tivéssemos recebido da construtora. Se, no entanto, a construtora atrasasse, o modelo de financiamento se desmanchava.

Essa foi a primeira vez em que me dediquei a analisar a capacidade de crédito de uma empresa. Para um jovem universitário, era um desafio. Falei com muita gente e, com as informações que pude coletar, descobri que a CCA estava em dificuldades. Fui ao meu sócio e contei a ele que o negócio era arriscado.

Não foi uma decisão fácil – afinal, tínhamos vencido a concorrência e iríamos desistir antes mesmo de começar. Foi duro, mas meses depois a CCA entrou em concordata. Aquela experiência me mostrou que mesmo a ideia mais engenhosa, a logística mais perfeita e a energia da juventude dependem de uma estrutura financeira. Concluir isso foi fundamental na definição da minha carreira e me valeu lições importantes depois na minha atividade bancária.

Tempos depois, eu saí da sociedade e o Hugo transformou a Diagrama na Método, uma das grandes empresas de engenharia brasileira. Eu descobri que não queria ser engenheiro.

Retornei à Poli para concluir o curso e logo em seguida fui aprovado no concurso nacional organizado pelo Ministério do Planejamento, que depois tornou-se o Plano Nacional de Treinamento de Executivos. Era uma pós-graduação em economia e administração. Cursei a COPPEAD (Instituto de Pós-Graduação e Pesquisa em Administração) da Universidade Federal do Rio de Janeiro, um programa de concentração em econometria e matemática, no primeiro ano, e em administração, no segundo.

Quando concluí meu mestrado em economia e depois defendi uma tese em administração na UFRJ, a proposta de trabalho mais segura era a do BNDE, o Banco Nacional de Desenvolvimento Econômico, que anos depois mudou de nome para BNDES. Era a oferta com melhor salário e que me asseguraria uma carreira estável em uma instituição da elite do funcionalismo público. Outra possibilidade segura seria seguir a carreira de professor do COPPEAD. Eu venho de uma família de servidores públicos, então esse seria um caminho natural. A proposta mais atraente pela possibilidade de movimentação era a da Mesbla, então a mais importante rede de varejo brasileira. Eu seria assessor direto do presidente, André de Botton, e certamente aprenderia muito.

Entre todas as opções, a que a princípio parecia ser a menos promissora era a do Banco de Boston, subsidiária no Rio da instituição financeira criada em Massachusetts nos tempos da Revolução Americana, que anos depois mudou de nome para BankBoston. O salário era o mais baixo, e os bancos internacionais não ofereciam a possibilidade de ascensão para brasileiros. Mas me chamou muito a atenção o fato de que, sendo uma companhia multinacional, eu teria a oportunidade de aprender para além do que acontecia no Brasil.

Fiz a primeira visita à sede na avenida Rio Branco, perto da praça Mauá. Pareceu um lugar calmo, com valores bem definidos, onde o que era certo, era certo; o que era errado, errado. Isso me agradava. No banco, eu teria uma perspectiva de aprender e talvez ter uma visão cosmopolita do mercado brasileiro, mas o salário era baixo e a perspectiva de crescimento, limitada.

Fui convidado a ingressar no Banco de Boston pelo Lawrence Fish, que era diretor da instituição e havia sido meu professor da COPPEAD. Egresso de Harvard, Fish estava atualizado quanto às melhores técnicas de gestão da Harvard Business School. A presença de Fish aumentou a minha confiança.

Não foi uma decisão racional, mas escolhi o Banco de Boston com a intenção de ficar dois anos. Fiquei quase trinta e virei presidente mundial da instituição.

CAPÍTULO 3

NO BANCO DE BOSTON, NO BRASIL (1974-1996)

O processo de tomada de decisão depende de quem você está representando naquele momento. Uma coisa é a tomada de uma decisão pessoal – onde você vai morar, em qual empresa vai trabalhar ou com quem vai se casar. São decisões subjetivas. Outra coisa é quando você está tomando uma decisão em nome de uma instituição. Aí você precisa ser o mais frio e racional possível, porque você está representando o interesse de outras pessoas.

Entrei no Boston com pressa. Queria aprender como uma multinacional operava e depois ir para outro lugar que me desse mais perspectiva de crescimento. Isso porque, à época, não havia brasileiros entre os dirigentes das instituições financeiras estrangeiras. No Banco Francês e Brasileiro, por exemplo, a exigência da cidadania francesa para os dirigentes constava em estatuto. No Boston não havia regra por escrito, mas o fato era que todos os presidentes tinham sido americanos desde a sua chegada ao Brasil, em 1947.

Eu entrei no banco em julho, na gerência da subsidiária de *leasing* do Rio. Num sábado de novembro, recebi um telefonema do Larry, o meu antigo professor que agora era vice-presidente do Boston no Brasil, baseado em São Paulo. Ele estava hospedado no bairro de Santa Tereza e queria me ver com urgência. Era uma crise. Era uma oportunidade.

Larry me contou que havia comunicado ao diretor-superintendente da companhia de *leasing* que ele deveria me preparar para ser o seu substituto dentro de um ano. Com a minha promoção, o diretor seria transferido para o banco comercial. Possivelmente ofendido com a ideia de perder o lugar para alguém tão jovem, o diretor se recusou. Larry então chamou o diretor-adjunto, que também se recusou e ainda teria feito troça: "Não vai ficar ninguém na companhia de *leasing*. O que você vai fazer?".

"Não tem problema, não, porque conversamos com o office boy e ele acabou de me avisar que não vai pedir demissão", respondeu Larry, com seu humor mordaz. Quando conversamos, ele se virou para mim e colocou a questão. "Então, em vez de daqui um ano, você vai assumir a companhia de *leasing* agora."

Tudo aquilo era novo para mim. Eu não sabia dos planos de Larry e nem das saídas dos diretores. Só me ocorreu responder: "Quanto tempo eu tenho para pensar e dar a resposta?". "Pode pensar alguns minutos", ele me respondeu, com certa ironia.

Minhas opções eram duas, e eu sabia que não haveria outra oportunidade igual. Aceitei.

Saí da casa onde Larry estava hospedado naquela tarde de sábado, no Rio de Janeiro, embalei minhas coisas no domingo, peguei a via Dutra no meu carro e na segunda de manhã assumi o novo cargo em São Paulo.

A companhia deu um salto enorme, porque consegui identificar um mercado que se abria: a automação dos processos bancários. Com o aumento da complexidade dos negócios, os bancos precisavam automatizar suas operações e eu fechei um grande contrato de *leasing* de computadores com o Bradesco. Outros bancos vieram na sequência, e com os contratos a minha área aumentou dez vezes de tamanho.

No começo de 1977, o vice-presidente responsável pela área comercial do Banco de Boston no Brasil me convidou para assumir a direção da instituição em São Paulo, a mais relevante. Eu acumulei as duas funções, mas então me reportava a dois executivos diferentes: o vice-presidente responsável pelo banco comercial, que a àquela altura já era um brasileiro; e o outro um filho de inglesa com suíço, nascido no Rio de Janeiro, responsável pela empresa de *leasing*.

Eu toquei essa vida de comando duplo por três anos. Um dia o diretor de *leasing*, Ted Seidl, me chamou e disse que estava recomendando que eu não respondesse mais diretamente a ele, mas ao presidente do banco, que se chamava Frank Aldrich. "Ted, nos damos muito bem, não há razão para isto". Ele disse: "Vou sair da sua frente, senão você vai acabar passando por cima". Prossegui. Fui promovido a vice-presidente do banco e em 1981 me tornei o primeiro vice-presidente, responsável pelo Boston no Brasil nas áreas do banco, do *leasing* e do comercial. Era o topo da carreira no Boston para um brasileiro.

Em 1983, no Rio de Janeiro, houve uma reunião do conselho de administração do banco no Brasil. No final, os executivos estavam sentados, tomando uma bebida depois do almoço e conversando ao lado da piscina do Hotel Sheraton. Eu me aproximei do local, mas eles não me viram e seguiram conversando.

"Mas ele é brasileiro!", disse um dos membros do conselho.

"Não me importa de onde ele é! A questão é se ele é competente", respondeu o então presidente mundial do banco, Bill Brown.

Deduzi logo que estavam falando de mim. Um brasileiro presidente do Boston no Brasil ia contra as tradições de um banco que prezava pelas tradições. O padrão era indicar um expatriado, um executivo americano com larga experiência na matriz e capaz de fazer a filial seguir fielmente a linha.

A cúpula do banco era, com raras exceções, de Boston. Eram aquilo que se chamava nos Estados Unidos dos "Boston *brahmins*", a mais alta casta entre os *wasps* (sigla em inglês para "brancos, anglo-saxões e protestantes"), o que se considerava à época a elite da elite da Nova Inglaterra – região do nordeste dos Estados Unidos cujo centro cultural e econômico é Boston, capital do estado de Massachusetts.

A decisão estava tomada, e depois um dos diretores disse que eu seria indicado para o Advance Management Program, curso avançado de administração da Harvard Business School, feito para executivos com mais de 50 anos que estavam sendo preparadas para assumir a presidência mundial de uma multinacional. Não era o meu caso, mas isso já indicava que estava sendo alçado para outro padrão. Foi um susto. Eu me esforcei muito para chegar ali, gostava do que fazia e queria fazer mais, mas agora eu estava entrando num terreno desconhecido.

Fui admitido no programa da Harvard e fui trabalhar em Cambridge. Digo "trabalhar" porque foi isso mesmo. Tínhamos aulas de estudo de caso de manhã e à tarde, todos os dias, inclusive aos sábados, e depois uma média de 130 páginas para ler à noite. Eles condensam um programa de dois anos de um MBA em seis meses.

Na cerimônia de graduação havia dois oradores: um americano e eu, como representante dos estrangeiros. Quando terminou de falar, o americano foi passar a palavra para mim e disse: "Foi divertido, não?". Respondi: "Foi interessante, mas esse não é o meu conceito de diversão".

Voltei ao Brasil e, aos 39 anos, assumi a presidência brasileira do Banco de Boston.

O ano era 1984, e o Brasil passava por transformações. A alta dos juros americanos em 1979 havia gerado um terremoto pelo mundo. Como os empréstimos de muitos países, inclusive os do Brasil, estavam atrelados às taxas americanas, os valores explodiram. Foi um dominó de países quebrando: México, Brasil, Argentina... O governo brasileiro recorreu ao Fundo Monetário Internacional (FMI) para renegociar suas dívidas, e o ajuste das contas públicas causou uma recessão só comparável à que veio a ocorrer em 2015-2016. Junto com a recessão, o Brasil vivia o início do período de descontrole da inflação. O IGP-DI – índice de inflação brasileiro – foi de 40% ao ano em 1978 para 110% em 1980 e 224% em 1984!

Isso significava que quem recebia o salário no primeiro dia do mês de dezembro de 1984 precisava comprar logo tudo o que pudesse, porque se deixasse o salário parado ele valeria, em média, 12% menos no último dia do mês. O dinheiro parado perdia valor, e isso gerava uma compulsão de gastos que gerava mais inflação. Para os bancos, era um desafio. Para o cidadão comum, um inferno.

Como à época o meu foco eram os desafios do sistema financeiro, estabeleci uma estratégia. A primeira meta era um projeto de preparação dos funcionários. Existiam bancos que diziam "foco no cliente", "foco na rede de agências", mas minha ideia era que só uma equipe preparada e motivada seria capaz de atender bem e fazer a diferença. Investimos muito no treinamento dos funcionários.

Eu trouxe engenheiros para as mesas de operação porque, sendo eu mesmo engenheiro de formação, entendia que a compreensão do cálculo era fundamental num período de muita inflação e com taxas de juros variando de forma dramática. Do ponto de vista matemático, naquele momento, os engenheiros estavam mais bem equipados para enfrentar as variedades de cálculos – a engenharia dava ferramentas melhores para repactuação de contratos, análise e concessão de crédito e contabilidade na estruturação. Só depois é que os cursos de economia passaram a desenvolver mais a parte quantitativa, com foco na matemática e nos métodos estatísticos.

A clientela do Boston era concentrada em multinacionais americanas, como IBM, General Electric, General Motors etc., mas esse nicho era restrito, com *spreads* relativamente baixos. Para crescer, era preciso operar com empresas brasileiras – com base especialmente na agência de São Paulo e na de Campinas. O gerente lá se chamava Fernando Scandiussi, e juntos montamos uma combinação para, do nosso lado, aprimorar a avaliação de crédito de empresas nacionais e, do lado delas, mostrar as vantagens de trabalhar com uma organização americana do padrão do Boston. Foi um sucesso, e num certo ponto Campinas quase se igualou a São Paulo. Depois, passamos a procurar empresas brasileiras no Rio, Brasília e Porto Alegre.

A inflação desenfreada tornava o processo de crédito muito mais desafiador, porque tínhamos de prever não só como ela afetaria a economia, mas também a capacidade de a empresa lidar com isso. Em 1984, ano em que assumi o Boston, a inflação ultrapassou 220% ao ano.

Em 1986, o governo Sarney baixou o Plano Cruzado. Pela primeira vez, um governo brasileiro achava possível eliminar a inflação por decreto. Todos os preços foram congelados, mas a inflação se recusou a obedecer aos tabelamentos dos burocratas. Durante anos, o país pagou um preço elevado por esse tipo de atalho no combate à inflação.

O que ocorria tanto nos governos militares como nos democráticos era um gasto público sem limite, com o pressuposto de que o Banco Central financiaria a máquina pública através da expansão da base monetária. O BC fazia isso, só que o resultado se chama hiperinflação. O Brasil teve a mais longa hiperinflação da história: foram praticamente quinze anos seguidos com taxas de inflação acima de 100% ao ano, em alguns anos ultrapassando a marca dos 1.000%.

Havia métodos para os bancos lidarem com isso. Para cobrar, emitíamos um papel chamado Certificado de Depósito Bancário, CDB, com uma determinada taxa de juros acordada com o cliente por sessenta dias. Fazíamos o empréstimo com *spread* adequado em cima daquela taxa de administração e após sessenta dias emitíamos outro CDB e repactuávamos o primeiro papel com o cliente. O que existia era uma grande velocidade de troca de taxas de juros e de repactuação. Os contratos para viabilizar isso juridicamente tinham prazo curto, sessenta dias, baseados na taxa de emissão de CDBs naquele momento. Se a inflação era de 1.000% ao ano, o investidor queria um CDB que pagasse 1.100% ao ano; o banco pagava isso, adicionava um *spread* e emprestava ao cliente que estava ajustando seus preços a essa velocidade.

Era uma corrida sem fim contra a inflação. Só que a velocidade do aumento de preços sempre vencia. Chegamos a um ponto no Brasil em que os supermercados tinham funcionários exclusivos para etiquetar os preços nas mercadorias. Terminado o trabalho, eles recomeçavam a etiquetar porque os preços já tinham subido.

Como tínhamos funcionários bem treinados, nos adaptamos à inflação e aos fracassados planos de congelamento de preços. Até chegar o Plano Collor, o pacote mais heterodoxo da história. De um dia para o outro, o governo bloqueou todos os valores acima de 50 mil cruzeiros depositados nos bancos, tanto em conta corrente como na poupança ou em investimentos de curto prazo chamados *overnight*. Foi um choque.

Já se sabia que viria um plano, mas nada parecido com aquele pacote. Foi uma queda muito grande na economia: o PIB reduziu 4,3% em um ano. A inflação de março de 1990 foi de 82% e caiu para 15% no primeiro mês do plano. Em dezembro, no entanto, a inflação já havia voltado a 20% ao mês. Era mais um plano econômico baseado em congelamento de preços que derretia.

O futuro, como todos sabemos, é incerto. Mas no Brasil de 1990, até o passado era incerto. O Banco Central começou a emitir normas retroativas. Em 28 de maio, por exemplo, o BC emitiu uma norma com validade a partir do dia 1º, uma loucura! Os bancos foram multados porque não tinham seguido uma regra que eles nem sabiam que existia! Era uma perda de controle.

Além do marketing, de estratégia, de preparação dos funcionários, um dos desafios do setor bancário passou a ser a questão da contabilidade.

Conversei com Boston e eles me indicaram o melhor contador da organização, Eric Schumann, da agência de Frankfurt. Eu o convidei para vir ao Brasil nos ajudar e ele aceitou. Como bom alemão, Eric estava acostumado com as coisas organizadas, e isso era material em falta no Brasil daqueles tempos. Sistemático, Eric entrava na minha sala todos os dias às 17h e falava em inglês com sotaque alemão: "Henrique, eu estou irritado com..." e dizia o que o incomodava naquele dia.

Um dia não aguentei: "Eric, temos duas alternativas: ou você se adapta ao Brasil e para de se irritar, ou volta para Frankfurt". Depois de avaliar, ele decidiu se adaptar e aceitar a incerteza como um dado da realidade do Brasil, lidando com isso da maneira mais eficiente possível – e ele era muito eficiente.

Brasileiros dos anos 1980 e 1990, aprendemos a duras penas a conviver com a incerteza e a angústia dos tempos de hiperinflação. Tivemos os planos Cruzado, Bresser, Verão, Collor 1 e 2, e todos se constituíam em congelamentos de preços que não funcionavam. Os contratos de crédito tinham prazos muito curtos exatamente por isso: vinha um plano e derrubava a inflação no primeiro momento, levando as taxas nominais de juros a caírem dramaticamente. O banco fechava um contrato com taxas baixas, mas esses papéis tinham necessariamente de ser curtos o suficiente para que quando a inflação começasse a subir já fosse possível fazer contratos novos. Até que viesse um novo plano, e então a ciranda recomeçava.

*

Em 1991, quando o Plano Collor 1 já havia fracassado e fora lançado o Plano Collor 2, que também fracassou logo depois, comecei a montar uma estratégia de médio prazo para o Boston no Brasil. Até então, todos os nossos clientes eram empresas, e para crescer tínhamos de também oferecer serviços para pessoas físicas. Minha ideia era lançar um produto que nos Estados Unidos era chamado de *"upscale personal banking"*, uma área entre o varejo e o *private banking*, para clientes de grande patrimônio. Eu estava desde 1989 planejando essa expansão e, para isso, fui ao mercado e trouxe profissionais qualificados.

Apresentei a ideia ao chefe da área internacional, um americano chamado Kevin Mulvaney, na reunião da divisão do Boston na América Latina em Punta del Este, Uruguai. Contei que pretendia ir a Boston mostrar o plano.

"Não, não, não. Você não tem autorização. Não faça isso, porque o banco está tendo dificuldades. Não é o momento, o banco não está expandindo em lugar nenhum do mundo", ele me disse.

Era o momento de mais uma daquelas crises sazonais no mercado financeiro mundial, mas insisti. "A situação no Brasil é diferente, fizemos os testes. O mercado para o Boston existe, e a perspectiva é excelente."

"Não vá, você não tem autorização. Se você for, vou te demitir", ele me ameaçou.

Eu nunca havia sido ameaçado de demissão antes, mas a ordem não fazia sentido. Por dois anos, todo o meu time estudou o mercado e analisou que justamente naquele momento, com muitos brasileiros inseguros sobre seus investimentos pessoais pelo fracasso dos planos econômicos, era a hora de oferecer um produto diferenciado. A reputação do Boston como uma instituição sólida estava construída, e havia um nicho para que os mesmos executivos que nos confiavam as contas das suas empresas se transformassem em nossos clientes como pessoas físicas. Era o momento de avançar, e não de recuar.

Tive de tomar uma decisão rápida, mas depois de tanto trabalho para preparar o plano não havia motivo para dúvida.

"Olha, Kevin, você pode me demitir; é uma decisão sua, não minha. Agora, eu estou embarcando para Buenos Aires e de lá vou pegar um avião para Miami, e de lá para Boston. Você toma suas providências, porque eu estou embarcando hoje à noite."

Fui a Boston e apresentei o plano para três pessoas: o próprio diretor internacional; o presidente mundial, Chad Guifford; e o presidente do Conselho de Administração, Ira Stepanian – esses dois últimos faziam a dupla que por anos dominou os destinos do banco.

Filho de armênios, Ira era um economista muito inteligente que havia sido jogador de basquete na Universidade de Tufts, residindo em Boston desde os anos 1960. Chad, filho de um pai banqueiro e descendente por parte de mãe dos fundadores da Universidade de Brown, veio do Chase Manhattan e posteriormente foi o sucessor de Ira no Conselho.

Estávamos só nós quatro na sala. Terminei a apresentação, e Kevin, embora contrariado, ficou em silêncio. Chad também ficou em silêncio, e Ira olhou para mim e disse: "Seu plano é tão racional que é difícil dizer não". E encerrou a reunião.

Saí sem entender o que isso significava. Depois procurei Chad Gifford, um sujeito muito expansivo. "Ira quis dizer que o plano está aprovado ou não?"

"Henrique, eu também não entendi. Mas se eu fosse você, tocava em frente", ele respondeu.

E assim eu fiz. Começamos a oferecer o serviço, e, para monitorar as reações, contratei uma empresa para pesquisar a satisfação dos clientes não apenas do nosso, mas de quinze bancos. Foi uma novidade no Brasil. Nós começamos lá embaixo, entramos na 15ª posição, mas fomos subindo rapidamente – isso medido pelos clientes. Até que, num determinado dia, chegamos ao primeiro lugar: o melhor banco do país em satisfação dos clientes. O Boston continuou liderando por várias semanas, e depois meses, em primeiro lugar. Chamei a representante da empresa de pesquisa e falei: "Faz um favor: cria outra categoria, acima do primeiro, e chama de '*hors concours*'". Oitenta por cento dos clientes do banco o colocavam nessa categoria.

Parte preponderante do sucesso do Boston era ter funcionários motivados. Montar equipes que sabem trabalhar bem e se orgulham do que fazem gera um ecossistema que se traduz num cliente satisfeito. Lógico que outros fatores – tecnologia, variedade dos serviços, localização – diferencia um banco de outro, mas tudo começa com a formação do time. Tanto na iniciativa privada quanto posteriormente na vida pública, sempre tive como premissa que parte preponderante do sucesso de qualquer projeto era montar boas equipes.

À época, fui procurar um profissional para chefiar a tesouraria do banco. Conversei com um antigo chefe que confirmou as ótimas credenciais do ex-colega, mas avisou: "Ele é muito chato". Para mim isso era (e ainda é) irrelevante. Os critérios de formação de um time precisam ser objetivos: competência, honestidade, comprometimento e capacidade de trabalhar em equipe.

CAPÍTULO 4

PARA ALÉM DE UM BANQUEIRO (AÇÕES SOCIAIS E NA CULTURA)

Sempre gostei de olhar o mundo para além da mesa de executivo. Fui o fundador e primeiro presidente da Sociedade Viva o Centro de São Paulo. Fui diretor executivo da Federação Brasileira de Bancos (Febraban), presidente da Câmara Americana de Comércio de São Paulo durante dois mandatos, fundei a Associação Brasileira de Bancos Internacionais e montei uma parceria com o Sindicato dos Bancários para criar a Fundação Travessia, de apoio a crianças em situação de rua na região central.

Ricardo Berzoini, que posteriormente virou meu colega de ministério no governo Lula, era presidente do Sindicato dos Bancários e presidente executivo da Fundação. Eu era o presidente do Conselho. Essa parceria abriu contatos que foram importantes na minha vida política.

*

No começo dos anos 1990, o Banco de Boston ficava na rua Líbero Badaró, com frente também para o Vale do Anhangabaú, no centro histórico de São Paulo. Eu gostava da dinâmica do centro, daquela multidão andando para baixo e para cima, indo para os lugares a pé. Eu estava acostumado com essa ideia de o centro ser o eixo vital de uma cidade, como em Buenos Aires, Paris e Londres.

Por isso, me incomodava a saída das empresas do centro de São Paulo, num movimento que me pareceu tipicamente predatório. Essas empresas saíam do centro, um lugar bonito, com prédios históricos, e à época iam para a Av. Paulista e destruíam as mansões que ainda existiam na região. Para quê? Essa coisa do Brasil de construir um prédio novo e deixar deteriorar o antigo sempre me incomodou. Foi para tentar reverter esse movimento que fundei e presidi durante muitos anos a Sociedade Viva o Centro de São Paulo, com o objetivo de recuperar o dinamismo da região. Começamos com a limpeza do lixo, depois a segurança e a restauração do Edifício Martinelli e do prédio do Theatro Municipal.

Para reforçar essa postura, no final de 1992 decidi levar para o centro o tradicional jantar anual da Febraban, que geralmente ocorria no Clube Monte Líbano, perto do parque Ibirapuera. Quando comecei a escolher o local, uma assessora sugeriu um lugar que estava deteriorado, mas que reformado seria perfeito: a estação Júlio Prestes, no bairro da Luz.

Construída entre os anos 1920 e 1930 para ser o ponto de partida da estrada de ferro Sorocabana e levar café ao porto de Santos, a estação Júlio Prestes era um símbolo da ostentação da riqueza dos barões do café. Os materiais da construção haviam sido importados da Europa, incluindo as vigas de 25 metros que serviam para sustentar o local, com uma arquitetura inspirada em estações de trem francesas, inglesas e americanas.

Aquele esplendor todo era só memória. Quando fui visitar o local, vi apenas ruínas. O prédio abandonado havia sido incorporado pela Fepasa, a estatal paulista de trens. No meio da construção havia um pátio aberto, com mato crescendo sem cuidado. A Fepasa usava alguns dos andares como sede administrativa. Eu gostei da ideia de reformar o pátio interno e o salão principal, batizado de Salão dos Arcos, e fazer o jantar ali, mostrando que era possível trazer de volta a importância do centro de São Paulo.

Fui conversar com a Fepasa. "Ah, tudo bem", me responderam. "Desde que você siga integralmente o projeto original." Eles me explicaram que para obedecer ao padrão eu teria que usar o mesmo tipo de areia usada para cobrir as paredes originais, um estilo que havia sido comum em Paris na mesma época. "E essa areia não existe mais", me disseram.

Eles disseram ainda que na reforma eu não poderia cobrir o pátio, mesmo que por apenas uma noite, porque isso também seria considerado uma descaracterização do projeto original.

Saí de lá e mandei levantar a papelada dos arquivos da Fepasa. Descobrimos que a construção havia iniciado em 1927 e que o plano inicial do arquiteto Cristiano Stockler das Neves previa uma cobertura no pátio, com um vitral muito bonito. Só que a construção foi interrompida pela crise mundial de 1929. A obra só foi concluída em 1938 com várias alterações, entre elas a ausência do vitral sobre o pátio. Voltei à Fepasa, apresentei os documentos e falei: "O teto é parte do projeto original".

Eles concordaram, e então nós cobrimos o pátio. Mas havia a questão da areia. Mandei pesquisar nos arquivos originais de onde é que a areia havia sido encomendada. Descobri que ela havia sido comprada de um areal em Ouro Preto, fechado havia décadas. Mandei gente ir lá negociar com o proprietário e reabrir o areal. Compramos a areia, trouxemos para São

Paulo e fizemos a restauração das paredes do Salão dos Arcos e do pátio interno obedecendo aos planos do arquiteto.

O jantar foi um sucesso extraordinário, e o espaço que estava abandonado passou a ser um local de visitação.

Tempos depois, a Secretaria de Cultura de São Paulo contratou uma empresa americana de acústica para ajudar na seleção da sala de concertos da Orquestra Sinfônica de São Paulo. Depois de algumas visitas, eles haviam indicado o Theatro São Pedro, no bairro da Barra Funda. Como eu era presidente do Viva o Centro e o Banco de Boston tinham uma relação longa com as artes, eu recebi a delegação para um almoço na nossa sede. Eles estavam com a tarde livre, então recomendei que visitassem a estação Júlio Prestes.

Voltei para o meu trabalho e horas depois um integrante da delegação ligou e me pediu uma reunião urgente. Atendi e ele me contou que notou algo incomum enquanto caminhava pelo pátio junto com um assessor. Ele parou e falou ao colega: "Vá para o outro lado da sala e grite, por favor". O assessor fez isso, e eles ficaram alguns minutos gritando um para o outro de lugares diferentes. Depois, o chefe dos especialistas pediu ao assessor que voltasse ao hotel e trouxesse os equipamentos de acústica. Eles mediram a propagação do som e concluíram que a acústica era soberba. "É equivalente às duas melhores do mundo que eu conheço, da Ópera de Amsterdã e do Boston Symphony Hall", ele me garantiu.

"Mas por que a acústica lá é tão boa?"

"Não dá para explicar... acústica é uma ciência muito difícil de prever e de medir. O fato é que acústica lá é excepcional."

A partir dessa descoberta, nos mobilizamos para transformar o local numa sala de concertos. A empresa voltou ao Brasil e fez o projeto de acústica. Chamamos a Secretaria da

Cultura, as estatais paulistas levantaram os recursos, e com essa combinação foi construída a Sala São Paulo. Inaugurada em 1999, a Sala foi considerada em 2015 uma das dez melhores salas de concertos do mundo pelo jornal britânico *The Guardian*.

*

Além de participar de movimentos e associações, sempre me interessei por um tema em particular: a influência de uma educação de qualidade no destino de uma pessoa e os reflexos da educação na produtividade de um país. Pode ser influência da minha mãe, uma diretora de escola que dava enorme importância à educação. O fato é que sempre pensei em fazer algo voltado para a educação.

Em 2002, pouco antes de voltar ao Brasil para me dedicar à vida pública, ainda nos Estados Unidos constituí uma entidade filantrópica chamada Sabedoria Foundation, um *trust* para assegurar investimentos, única e obrigatoriamente, em atividades beneficentes de educação no Brasil. Depositei um valor inicial e declarei-o à Receita Federal no meu imposto de renda em 2003. Meu objetivo sempre foi a doação de parte da minha herança a entidades beneficentes do setor de educação. Um conselho curador decidiria quais entidades receberiam os recursos.

O investimento em educação sempre foi do meu interesse, tanto que meu programa de governo e minha campanha na eleição de 2018 davam enorme ênfase ao assunto. Um exemplo que considero importantíssimo na área é o de Singapura. Dentro dos 32 países em que o Boston tinha atividades quando eu era presidente global, este foi um dos que mais chamou minha atenção nessa área. É um país que teve uma história muito bem-sucedida, transformando-se completamente num espaço de poucas décadas.

Originalmente, Singapura era um dos califados da Malásia. Mas havia uma questão: a Malásia tem uma minoria da população descendente de chineses, e esses têm uma presença mais forte nos negócios, nas atividades liberais, enquanto os malaios tendem a dominar a política e o restante das atividades. Singapura é constituída fundamentalmente de descendentes de chineses. Os malaios concluíram que isso desequilibrava o equilíbrio étnico e tomaram uma atitude inusitada: expulsaram Singapura da Malásia.

O então primeiro-ministro de Singapura, Lee Kuan Yew, anunciou a independência à população e chorou. Isso foi reportado à época como tristeza, porque Singapura era pobre e teria de começar a sobreviver de forma isolada. No livro que escreveu posteriormente, ele apresenta outra versão: diz que chorou de alegria.

Eu estive lá na década de 1990, quando ainda era presidente do Boston no Brasil, e conversei com ele. Yew me disse que, quando assumiu, a primeira coisa que fez foi procurar os ingleses, que tinham presença muito forte lá. Ele fez primeiro uma proposta para os professores e diretores das escolas inglesas em Singapura – escolas em que, como de hábito em presenças inglesas ao redor do mundo, todos os alunos e professores eram ingleses. Ele garantiria a estabilidade dos professores, liberdade de currículo e a língua inglesa nas escolas, desde que eles começassem a aceitar alunos chineses e a treinar professores chineses. Ele absorveu o sistema educacional inglês. Eu disse a ele: "O senhor ganhou". Ele concordou.

Posteriormente, Yew fez o mesmo com o judiciário. Chamou juízes e advogados e fez a mesma proposta: garantiria salários, estabilidade, língua inglesa e adotaria a lei inglesa, a Common Law. Eles teriam de aceitar juízes e advogados chineses e teriam de julgar causas de chineses – antes, ele só julgavam as de ingleses. Eu disse: "Com isso, o senhor ganhou mais cem anos".

Até que perguntei a ele: "Quais foram as suas decisões mais importantes?".

"Eu tomei três decisões depois dessas que foram fundamentais. Primeiro, investimento em educação. Segundo, investimento em educação. Terceiro, investimento em educação."

Com isso, num espaço de poucas décadas, Singapura saiu de um dos lugares mais pobres do mundo para um Estado que, já nos anos 1990, tinha nível de renda equivalente ao do sul da Europa – e hoje tem um dos mais altos níveis de renda do mundo. Inicialmente Yew foi um ditador, mas depois foi liberalizando o país. Estive lá novamente muitos anos depois, quando me encontrei com o filho dele, que era primeiro-ministro.

Essa história me parece importante, porque mostra que o que faz a diferença são algumas questões fundamentais, como o sistema jurídico e a educação, porque o resto é consequência – mesmo num país sem recursos naturais, como é o caso de Singapura, basicamente um porto de exportação de borracha. Recursos naturais são bons, são um incentivo ao país, mas a história de Singapura mostra que um país sem recursos e muito pobre consegue uma evolução excepcional através de medidas muito concretas na educação da população e de um sistema judiciário eficiente.

CAPÍTULO 5
IR OU FICAR (1996)

Em 1996, com o crescimento da operação no Brasil, Chad Gifford, que havia assumido a presidência do Conselho de Administração no lugar de Ira Stepanian, me chamou a Boston. O motivo era uma reunião da divisão internacional do banco, em que apresentamos resultados do Brasil e de outros países. A operação no Brasil ia excepcionalmente bem. Tinha resultados crescentes, que chamavam ainda mais atenção porque o país, com o Plano Real, atravessava uma inédita estabilidade na inflação. Também era um período de várias crises de crédito internacionais, iniciadas com o México em 1994. Era um tempo de mudanças.

Após a reunião, Chad me convidou para jantar. No meio do jantar, ele me perguntou: "Henrique, você gostaria de vir trabalhar conosco aqui em Boston?". As posições que eu poderia ocupar em Boston não me interessavam, como chefe da divisão latino-americana e divisão internacional.

"Não, Chad. Estou muito bem no Brasil. Estamos crescendo muito, a equipe é excepcional, não acredito que valha a pena para mim e para o banco interromper isso."

"E que tal ser presidente mundial do banco?"

Eu não esperava por essa proposta. Só havia uma resposta possível: "Tenho que pensar".

A princípio, não fazia sentido estar indeciso naquela hora. Era a promoção de uma vida. Eu saltaria de responsável pela operação no Brasil e em outros países vizinhos para ser o presidente mundial de uma das organizações financeiras mais tradicionais do globo. Mas, ao contrário do que possa parecer, foi uma decisão que me causou muita dúvida. De um lado, era um cargo superior a tudo aquilo a que eu pensava chegar no banco, mas sabia que não estava sendo escolhido apenas por eventuais méritos. De outro, a escolha do meu nome, um estrangeiro sem experiência no mercado americano. Isso significava que a operação estava com problemas.

Além disso, as possibilidades de sucesso não eram tão garantidas como as que naquele momento eu havia construído no Brasil. Em Boston havia uma cultura muito diferente, conservadora e reativa à mudanças. Voltarei a isso mais à frente.

O Banco de Boston era um grande banco do mercado corporativo, que havia ajudado a criar o auge do capitalismo americano. Foi o banco que financiou a nascente indústria de cinema em Hollywood, os esforços de guerra americanos na Primeira e na Segunda Guerras Mundiais, e que liderou os grandes empréstimos que criaram as multinacionais símbolos dos Estados Unidos. No entanto, naquele momento a instituição vivia um impasse.

Com a mudança nas regras de operação financeira dos anos 1990, os bancos americanos deixaram de ter limites geográficos para operar. É incrível, mas, por séculos, o Boston não pôde ter agências em Cambridge, onde fica Harvard, do outro lado do rio Charles.

A liberação bancária incentivou uma corrida por fusões e aquisições. No caso do Boston, a decisão foi comprar um banco também de Massachusetts chamado BayBanks. A fusão não estava dando certo.

*

O Banco de Boston é o sucessor do Massachusetts Bank, o segundo banco a receber uma carta patente na história dos Estados Unidos. Foi fundado pelos *merchants*, os mercadores que fizeram de Boston um dos centros do comércio internacional no século XVIII. O banco foi fundado em 1784, oito anos depois da Revolução Americana e três anos antes da Constituição. Foi lá inclusive que se cunhou a primeira moeda de dólar. O banco faz parte da história financeira americana.

Já o BayBanks era um banco que se moveu muito rápido com as novas regras. Era mais exatamente um grupo de bancos, "os bancos da baía" de Boston, que espalhou suas agências por todo o estado de Massachusetts. Um ano antes de eu chegar, o Boston adquiriu o controle do Baybanks, que já era resultado de várias fusões. Foi nesse processo que o nome da corporação mudou: de First National Bank of Boston para BankBoston. Na América Latina, no entanto, prosseguimos usando o nome "Banco de Boston".

O Banco de Boston era um banco tradicional, da elite bostoniana, enquanto o BayBanks era um bancão de varejo, com egressos de várias pequenas instituições bancárias que tinham se fundido. Eram duas instituições com focos diferentes, culturas distintas e funcionários que olhavam o mesmo problema com óticas discrepantes.

Isso gerava consequências no dia a dia. Por exemplo: o banco tinha decidido usar nas operações de varejo, com os clientes do BayBanks, o mesmo software usado pelo corporativo. Só que os dois programas eram incompatíveis. O varejo tem operações mais simples, mas em grande número – o software tem de estar preparado para processar em massa. O software de operações de atacado lida com poucas operações de crédito, porém mais complexas e vultosas. Não estava funcionando. Pior: por desentendimento, eles tinham demitido a chefe do marketing do BayBanks.

Esse é um exemplo de coisas que me tiravam o sono. Eu ia ter que enfrentar esse choque cultural num momento em que os resultados financeiros eram desapontadores e as duas equipes culpavam uma à outra pela incompatibilidade.

Eu sabia que parte da escolha do meu nome vinha do fato de que, no Brasil, eu tinha construído uma operação tradicional corporativa ao lado de uma experiência bem-sucedida de varejo – não de milhões de contas correntes de pessoas físicas, mas de um grupo que nos Estados Unidos era chamado de "*upscale personal banking*". Só que os Estados Unidos não eram o Brasil. Lá o negócio era outro: ou a elite corporativa das grandes empresas americanas, ou o varejo no estado de Massachusetts. Se aceitasse, eu teria de enfrentar essa situação.

Era um projeto que claramente poderia dar errado. Conversei com três amigos brasileiros que tinham experiência em organizações internacionais. Eles foram unânimes em me aconselhar a não aceitar.

Um deles tinha sido executivo do Boston no Brasil e estava em outra instituição. Ele disse: "Henrique, você está construindo algo muito especial, não vale a pena você entrar naquela guerra lá em Boston".

Para colocar na balança essa série de pontos positivos e negativos, decidi passar por um programa administrado pela Harvard Business School. O programa se chamava Odissey ("Odisseia"), inspirado na viagem em que Ulisses, o herói grego, apesar de sujeito a uma série de tentações, precisava manter o barco numa direção constante. Era um curso feito para ajudar executivos que estavam sendo promovidos a cargos de alta direção a tomar decisões. O caso mais típico era o do sujeito que era vice-presidente de uma empresa e recebia um convite para ser presidente de outra companhia um pouco menor.

O curso tinha como metodologia separar as diferenças por temas. Por exemplo: listar as diferenças estruturais e colocar as dificuldades. Posteriormente, diferenças de culturas corporativas. Depois, a situação em que cada um estava do ponto de vista profissional: o momento profissional *versus* o que seria enfrentado na nova posição.

No processo de separação de cada desafio, o próprio executivo ganhava consciência do peso que dava a cada questão, tomava mais consciência dos prós e contras das diversas áreas e chegava a uma decisão individual. Por princípio, o Odissey não tinha uma solução. Cada um encontrava o caminho que lhe deixava mais seguro.

O curso levou um mês e, somando tudo, demorei três meses para aceitar o convite. Mais tarde, quando estava enfrentando os problemas em Boston, me questionei se tinha tomado a decisão correta. Só com o tempo, na medida em que fui tomando pé da situação, é que ganhei segurança para olhar para trás e dizer a mim mesmo: "tomei a melhor decisão".

*

Só depois que me chamaram para assumir a presidência do Boston é que descobriram um impeditivo formal. Pelas normas do Fed, o banco central americano, para ser presidente de um banco americano você precisava ser americano. Um advogado da área jurídica disse que havia uma solução simples: bastava entrar com um pedido de cidadania, que segundo ele seria facilmente concedido em função da minha posição na companhia. Recusei.

O setor de relações institucionais do banco se movimentou, e o Fed abriu uma brecha para que, pela primeira vez na história, um estrangeiro pudesse dirigir uma instituição financeira americana de grande porte.

De uma coisa eles não abriram mão: no momento da posse, tive de fazer o juramento com a mão sobre a Constituição americana.

Quando assumi, decidi convidar vários clientes brasileiros do banco para o meu discurso de posse. Vieram cerca de quatrocentas pessoas. Pedro Malan, então ministro da Fazenda, fez um discurso em nome do presidente Fernando Henrique Cardoso. Era tanta gente que o *Boston Globe*, o principal jornal da cidade, publicou uma reportagem com o título "Brasileiros vêm celebrar o Rei de Boston".

CAPÍTULO 6

UM BRASILEIRO NA NOVA INGLATERRA (1996-2002)

A minha missão era tentar desatar o nó da fusão dos dois bancos. Quando comecei a olhar a operação por dentro, notei que nas áreas em que havia duplicidade, a equipe do BayBanks havia sido demitida. Isso podia fazer sentido em alguns lugares, mas na área de varejo a decisão era catastrófica. Eles haviam demitido a chefe da área de marketing do BayBanks e integraram os sistemas de software. Tratava-se de uma decisão errada porque, como mencionei, o programa do Boston estava preparado para um número muito menor de operações e para situações complexas, como é comum em um banco corporativo, enquanto no varejo o volume de operações é gigante, mas as operações são mais simples.

Resolvi esse primeiro problema de uma forma simples. Recontratei a chefe de marketing do BayBanks, Lindsay Lawrence, que posteriormente se tornou uma das executivas financeiras mais conhecidas dos Estados Unidos. Ela trouxe de volta uma série de profissionais que trabalhavam com ela e que também tinham saído. Impedi a integração dos softwares, recuperando o programa específico para varejo do BayBanks.

Mas as relações pessoais entre os egressos das antigas empresas eram muito ruins. Eles até se vestiam de forma diferente: os do Boston eram formais no trato e no traje; os do BayBanks, mais informais. Para mim, não fazia a menor diferença. O meu olho estava no resultado, não se um tratava o outro de "senhor". Mas essas miudezas ressaltavam a rivalidade entre as duas equipes e estavam afetando o resultado.

Quando percebi que a diferença cultural entre as duas companhias era grande demais, tomei uma atitude radical: autorizei a compra de andares em outro prédio e transferi toda equipe de varejo para lá. Compreendi que a diferença cultural era tão intensa que, para os dois lados exercerem seus talentos, eles precisavam estar separados fisicamente.

Muita gente estranhou, mas com o tempo ficou claro que, separadas uma da outra, cada equipe pôde se concentrar nas suas metas e esquecer os conflitos. Para dar os resultados esperados, a fusão tinha de permitir que o melhor das duas companhias emergisse. Deu certo.

*

Liderar um banco tão tradicional requer compreender a cultura local. Pouco tempo depois de chegar, estava almoçando com uma figura importante na comunidade de negócios de Boston, e ele disse: "Henrique, tem uma coisa aqui que eu não entendo. Você vem para cá e não está cercado do seu grupo".

Inicialmente, eu não entendi aonde ele queria chegar. "Mas eu tenho um grupo. Montei uma diretoria selecionada com cuidado. Eles são o meu grupo."

"Não, não são. Você não trouxe brasileiros."

"Brasileiros? Você acha que eu deveria trazer brasileiros para todas as posições-chave do banco?"

"Claro! Você precisa ter o seu grupo. Qualquer pessoa que estiver num cargo de direção precisa de ter o seu grupo."

Isso era muito bostoniano. Para eles, um brasileiro se cercaria de brasileiros, um ítalo-americano traria outros ítalo-americanos e um ex-aluno de Harvard traria seus colegas. Eu fui olhar e vi como a estrutura do banco estava segregada. Todos os principais cargos, exceto o meu, eram ocupados por *wasps* (brancos, anglo-saxões e protestantes – a elite americana). Nos cargos inferiores, estavam os descendentes de irlandeses e italianos. De outra região, latino-americano, só eu.

A minha chegada deve ter sido um choque, porque nomeei como chefe da minha divisão corporativa um descendente de irlandeses, que por anos não podiam sequer entrar na diretoria do banco. A etnia não era um critério.

*

Quando cheguei a Boston, lancei uma série de programas específicos para segmentos da sociedade menos representados no portfólio. O primeiro foi um programa específico visando atender a pessoas que moravam nos grandes centros urbanos. Criei um programa específico para o que se chamava de "*inner cities*" – pessoas de origem mais diversa, não *wasps*.

Lancei um programa para mulheres empreendedoras chamado "Women Entrepreneurship Program". Era um programa de financiamento para projetos de várias dimensões e várias faixas de renda. Eu trazia a experiência da operação brasileira do Banco de Boston. Embora as mulheres empreendedoras sofram por falta de crédito, elas são as melhores pagadoras. Percebi que o mesmo acontecia nos Estados Unidos.

Foi um projeto tão bem-sucedido que se tornou modelo para um programa da primeira-dama Ruth Cardoso, a ser executado no Brasil. Ela foi para Boston e conheceu o programa. Acabamos nos tornando amigos. Jantávamos juntos sempre que ela vinha a Nova York ou, depois, em São Paulo. Mais tarde, em 1997, jantamos minha mulher, Eva, e eu, Ruth e Fernando Henrique. Na saída, dei carona a Ruth e seu marido – então presidente da República. Comentei com ela que a havia achado preocupada no jantar. Ela disse que eles haviam marcado uma viagem à China e ela temia não ter saúde. "É uma viagem longa, a programação é pesada... eu já sou uma idosa", ela disse. Aquilo me marcou.

Alguns meses depois, ela morreu de arritmia decorrente de doença coronariana. Fui a São Paulo para a missa de sétimo dia. Quando a missa acabou, Fernando Henrique encostou a cabeça no meu ombro e, chorando, disse: "A Ruth gostava muito de você".

*

Em função desse programa de crédito para mulheres, fui convidado para falar na abertura de um grande congresso de empreendedoras em Baltimore, Maryland, com mais de mil pessoas. Havia apenas dois homens na sala: eu e um segurança. Quando terminei minha palestra, fui cumprimentado por uma mulher cheia de energia. Ela ia falar em seguida, mas antes me perguntou: "O senhor é presidente do Banco de Boston?".

Eu assenti.

"Mas me disseram que o senhor é brasileiro. O senhor não é brasileiro."

Eu disse que era e ela reagiu: "Não, o senhor vai me desculpar, mas o senhor não é brasileiro, não".

"Por quê?"

"Um brasileiro jamais seria presidente do Banco de Boston."

"As coisas lá estão mudando", respondi.

"Não, as coisas mudam, mas o Banco de Boston não muda. Eles são a essência dos Boston *brahmins*", disse ela, citando a palavra indiana também usada para designar a elite tradicional da Nova Inglaterra.

Minha interlocutora era Kathleen Kennedy, filha de Bob Kennedy e sobrinha do presidente John Kennedy, primeira mulher eleita vice-governadora de Maryland entre 1995 e 2003. Em seguida, Kathleen reafirmou o seu assombro com a ascensão de um brasileiro no Banco de Boston contando uma história familiar. Seu avô, o milionário Joe Kennedy, era um dos maiores clientes do banco na década de 1940. Mesmo assim, ele nunca foi convidado a subir para um café no andar da diretoria do banco. Mesmo sendo riquíssimo, ex-embaixador dos Estados Unidos no Reino Unido, pai de um presidente e patriarca de uma das famílias ícones do país, Joe Kennedy era descendente de irlandeses; portanto, não era tratado como um igual pela diretoria do Boston.

*

O Banco de Boston tinha presença em 32 países e era obrigatório conseguir operar em culturas distintas. Um dia, eu estava em Tóquio e umas das minhas melhores funcionárias locais pediu demissão.

"Mas você não gosta do trabalho, do salário, alguma coisa?", perguntei.

"O trabalho é excelente, mas meu pai cometeu uma irregularidade no local em que ele trabalha. Então eu acho que é o meu dever me demitir."

Fiquei surpreso. "Essa é uma empresa americana, você é uma excelente funcionária, não tem que pagar aqui por um eventual erro do seu pai."

Ela resolveu ficar, mas, passados alguns dias, me disse que queria mesmo pedir demissão. "Por quê?", eu perguntei. Ela respondeu: "Não consigo suportar a vergonha frente a meus colegas".

Anos depois, contei o caso a um representante diplomático do Japão em um jantar. Ele ouviu a história e não esboçou reação. Para ele, incomum mesmo era a minha surpresa.

Entender a importância do grupo é fundamental para uma empresa no Japão. Noutra ocasião, tivemos um trabalho extenuante de fechamento de final de ano durante o fim de semana. Eu dei uma folga geral à equipe na segunda e terça.

Um funcionário depois me contou que chegou em casa e, como estava de folga, dormiu até mais tarde. A mãe o viu dormindo numa segunda-feira e ralhou com ele. "Eles lhe deram folga, mas você não é obrigado a aceitar. Vá para o trabalho."

Ele obedeceu e foi trabalhar, mas no segundo dia procurou a mãe e disse: "Não tenho condições de ir trabalhar, porque eu vou envergonhar os meus colegas que estão em casa". Ela não gostou, mas aceitou. Depois, a mãe voltou e disse: "Os colegas do seu filho na escola já estão dizendo que o pai dele é um vagabundo que não trabalha em uma segunda-feira. Então, se você não pode ir trabalhar, vá para um bar, mas saia de casa".

Dos Estados Unidos, acompanhei como o Brasil estava fragilizado junto ao mercado no período dos grandes ataques especulativos, entre o final dos anos 1990 e o início do século XXI. Feito um dominó, países como México (1995), os Tigres Asiáticos (1997), Rússia (1998), Argentina (1998/99) e, finalmente, o Brasil foram vítimas de fuga de capitais em função da instabilidade do câmbio.

Acompanhei de longe quando se tornou inviável a manutenção da taxa de câmbio de 1 real por 1 dólar advogada pelo Banco Central. Em 17 dias, o dólar subiu 71% e o Brasil quebrou. O segundo governo FHC começou com o Brasil precisando da ajuda do FMI para manter suas contas.

A velocidade com que o Brasil afundou na troca da política cambial, entre o final de 1998 e o início de 1999, foi instrutiva para a minha gestão posterior no Banco Central. Estava evidente para mim que um país emergente só poderia resistir a um ataque especulativo se dispusesse de reservas internacionais volumosas para enfrentar momentos de instabilidade.

Na Argentina, onde o Banco de Boston tinha uma presença desde 1918, tivemos um prejuízo de 2 bilhões de dólares com a crise do país em 2001. Lá, a saída da crise foi muito mais traumática porque o câmbio fixo entre o peso e o dólar estava na lei, não dependendo de uma decisão do BC. Oficialmente, um peso comprava um dólar, mas no mercado paralelo a cotação era o dobro. Temerosos de um movimento brusco como no Brasil, os argentinos dolarizaram suas poupanças, transformando o câmbio num círculo vicioso e insustentável. Em 2001, finalmente, houve uma nova lei convertendo os depósitos bancários pelo dólar do mercado livre, que era 3,30, e os empréstimos pelo oficial, que era 1 por 1. O país teve quatro presidentes em uma semana e mergulhou numa das piores crises da história. Eles não tinham flexibilidade, os bancos quebraram, e não sobrou ninguém.

Numa reunião do *board*, um conselheiro me perguntou: "Mas por que eles fizeram isso [colocar cotações diferentes do dólar na lei]?".

Sem ter como explicar, respondi: "Porque eles são argentinos!".

*

Três anos depois, tínhamos decidido fazer a fusão do Boston com o maior concorrente na região da Nova Inglaterra, um gigante do varejo chamado FleetBank, de Rhode Island.

Enfrentamos resistência de alguns membros do Conselho de Administração quando começamos a trabalhar nesse processo. O presidente do conselho, Chad Gifford, usou então uma artimanha. Ele obteve do *board* a autorização para negociar uma fusão, mas muitos achavam que se tratava de um acordo com o Citibank, naquela época a maior corporação financeira do país.

O Fleet também era um banco tradicional, tendo sido fundado em 1791 – alguns anos depois do Boston, fundado em 1784. À época, o valor combinado das duas operações superava os 190 bilhões de dólares, posicionando a companhia como um dos sete maiores bancos dos Estados Unidos.

Quando o processo avançou, todos os executivos do banco assinaram um contrato de três anos, que seria o período de consolidação dessa fusão. Em 2002, se alcançássemos as metas previstas, receberíamos um bônus conhecido como "*golden parachute*" (paraquedas de ouro), que nos permitiria uma aposentadoria precoce em situação financeira estável. Em 2002, usei essa opção para retornar ao Brasil.

Se a fusão com o BayBanks foi trabalhosa, a complexidade do casamento com o Fleet era ainda maior. A nova operação passou a se chamar FleetBoston, com mais de 50 mil empregados e 20 milhões de clientes pelo mundo.

O Fleet não tinha os clientes globais do Banco de Boston, mas trouxe uma carteira numerosa de empresas médias e algumas grandes. Com a fusão, passamos a ter 455 mil clientes pessoa jurídica.

*

Minha mulher, Eva Missine, é alemã, de uma família de Hamburgo. Sua família se mudou para o Brasil porque o pai era executivo de uma companhia alemã que instalou em Belo Horizonte uma fábrica de guindastes para a usina hidrelétrica de Itaipu. Quando a obra terminou, os pais voltaram para a Alemanha, mas Eva decidiu ficar, estudar Medicina, se especializar em Psiquiatria e clinicar em Belo Horizonte.

Eu gostava muito de psicologia. Era um interesse até profissional, porque me ajudava a lidar com as pessoas. Um dia, em Boston, fui procurar um curso de psicologia de aperfeiçoamento, dado por um psicólogo chamado Albert Pesso, que criou um sistema de psicoterapia, o Pesso Boyden. Tempos depois, fui fazer no Brasil um workshop dado por um psicólogo alemão chamado Bert Hellinger, que havia criado outra corrente de psicologia, Constelações Familiares. Ele defendia a ideia de que algumas características familiares podiam ter sido transmitidas subconscientemente. Mas Hellinger só falava alemão e pouca coisa de inglês. Toda a sua aula era traduzida simultaneamente para o português por uma jovem muito segura, sem sotaque alemão, mas com um leve acento mineiro.

Começamos a nos conhecer. Ambos tínhamos relacionamentos anteriores. Nossa conexão foi evoluindo até ela se mudar comigo para os Estados Unidos e finalmente nos casarmos.

*

Tomamos a decisão de expandir o banco, e eu me mudei para Nova York para comandar diretamente a expansão do Fleet-Boston Financial. Eu ficava um ou dois dias em Boston e o resto da semana em Nova York entrando mais de frente no mercado, com a competição direta do Citibank.

Comprei um apartamento em Nova York com uma vista excelente, no 59º andar, mas o inquilino não queria mais sair. O nome dele era Howard Lutnick, também profissional do mercado financeiro. Ele tentou se justificar: "Veja bem, eu comprei uma casa ali perto do parque e não consigo terminar a reforma porque um fornecedor italiano não entrega o mármore...". Eu consegui o contato de um importador, trouxe o mármore para Howard e depois de dois meses pude me mudar.

Na manhã de 11 de setembro de 2001 eu estava em Boston, comandando uma reunião, quando Chad nos interrompeu e contou do atentado contra o World Trade Center. Fomos para a frente da TV, que exibia o desenho de um aviãozinho bimotor, em que a hélice tinha batido por acidente em uma das torres. Mas enquanto eles mostravam o que pensavam ser um acidente, entrou o segundo avião nas Torres Gêmeas. Foi um choque. Dava para ver que era um jato de grande porte e um evento de proporções históricas.

Decidi ir para Nova York imediatamente ver como estavam nossos funcionários. Nosso escritório ficava na Avenue of the Americas, mas tínhamos uma unidade em frente às Torres Gêmeas. Era a minha equipe.

Fui de carro. Quando cheguei em Manhattan, a cidade estava um caos, e só dava para se mover a pé. Quanto mais perto de Wall Street, mais grotesca era a cena. A região estava coberta por um poeirão, pó de gesso, de concreto... todo mundo querendo ficar cada vez mais longe, eu indo na direção oposta.

No meio do caminho, encontro Howard Lutnick, que tinha um escritório nas Torres. Como tinha uma atividade na escola do filho naquela manhã, ele não estava no World Trade Center na hora do atentado. Mas o irmão e todos os seus colegas de escritório estavam. Ele me contou que havia chegado antes de as torres desabarem. Quando os prédios vieram abaixo, ele se jogou debaixo de um automóvel. Howard escapou da morte duas vezes no mesmo dia.

*

Como recém-chegados a Nova York, fizemos uma operação de marketing agressiva. Patrocinamos um espetáculo no Lincoln Center, com récitas de Plácido Domingo, José Carreras e Luciano Pavarotti, os Três Tenores. Como anfitrião da festa, eu estava de smoking, cumprimentando as pessoas na saída, quando recebo aquele tapão nas costas, típico cumprimento entre os homens de Goiás na minha adolescência. Eu me viro e vejo aquele sujeito alto e de cabelo laranja. "Bem-vindo a Nova York, Henrique", falou alto o empresário Donald Trump. A companhia de construção dele era cliente do banco, mas sempre com problemas de crédito. Embora seus projetos imobiliários fossem muito ambiciosos, ele tinha dificuldade de pagar. Uma vez, a companhia propôs um empréstimo gigante, que nós, assim como todos os outros bancos de primeira linha, recusamos. Quando concorreu à presidência dos Estados Unidos, em 2016, apenas um banco, o Deutsche Bank, trabalhava com as empresas de Trump.

*

Quando completei a fusão do Fleet com o Boston, recebi o direito à aposentadoria precoce acordada no contrato. Estava deixando depois de vinte e nove anos a única empresa em que havia trabalhado.

Meu amigo Chad tentou me convencer de um novo projeto. Ele me propôs liderar um grupo de financiadores para adquirir a rede do Banco de Boston na América Latina, incluindo as operações no Brasil e na Argentina.

Pensei nisso seriamente e concluí que era um risco demasiado. O Brasil havia quebrado em 1999, vivia sob intervenção do FMI e passava por uma gigantesca crise de credibilidade devido ao temor do mercado quanto às intenções do líder nas pesquisas das eleições presidenciais que ocorreriam em 2002, o petista Luiz Inácio Lula da Silva. Isso sem contar a Argentina em bancarrota depois da crise cambial de 2001. A ideia de comprar um banco no Brasil e na Argentina, mesmo com a participação de financiadores americanos de grande porte, era muito arriscada.

Com o "paraquedas de ouro", eu havia alcançado minha independência financeira com pouco mais de 50 anos. Nos Estados Unidos, os executivos dessa categoria em geral compravam uma casa numa região mais quente, a Flórida ou o sul da Califórnia, e passavam seus dias jogando golfe. Não era uma perspectiva que me interessava particularmente.

Era hora de voltar.

CAPÍTULO 7

O BANQUEIRO DO PT
(2002-2003)

Eu queria uma carreira política. A curta e intensa experiência na militância estudantil ainda me trazia boas lembranças, e a minha família estava enraizada na política goiana. Meu avô foi prefeito de Anápolis, meu tio, governador, e meu pai, secretário de governo e procurador-geral do Tribunal de Contas.

Tive algumas conversas com o então presidente Fernando Henrique Cardoso. Ele me sugeriu começar pela via parlamentar nas eleições de 2002. "Se o PSDB ganhar a eleição, tem uma boa possibilidade de você ser escolhido ministro. E, caso contrário, você já estaria no Congresso", argumentou o presidente.

"E qual é o partido que você sugere?", perguntei

"Sugiro que você escolha o partido que tenha um líder... Um líder que tenha poder e que tenha palavra."

"Muito bem, quem é o partido e quem é o líder?", insisti.

"O partido é o PFL e o líder é o Jorge Bornhausen."

Depois desse diálogo, conversei com várias pessoas. Ao ouvir meu interesse de entrar na política, Octávio Frias pai, dono da *Folha de S.Paulo*, reagiu com o seu humor característico: "Vai ser ótimo para o Brasil, mas péssimo para você".

Conversei também com todos os pré-candidatos a presidente. Ciro Gomes achou excelente ideia. Anthony Garotinho, então governador do Rio de Janeiro, me recebeu no Palácio das Laranjeiras. Conversei também com Lula. Eu tinha um amigo dos tempos de política estudantil, Pedro Wilson Guimarães, que era do PT e à época era prefeito de Goiânia.

Ele organizou um encontro com Lula num hotel em Brasília. Contei sobre a minha trajetória, sobre a intenção de retornar ao Brasil pela via política e perguntei por qual partido eu deveria me candidatar.

"Acho que você deve entrar no PSDB", me respondeu Lula.

Pedro Wilson deu um salto: "Mas Lula, o que é isso? Você o está aconselhando a entrar no partido adversário?".

Ele explicou: "As ideias dele são mais em linha com o PSDB".

Por uma ironia do destino, a minha filiação ao PSDB – vista posteriormente por Aloizio Mercadante como óbice à participação em um eventual governo do PT – havia sido sugerida pelo próprio Lula.

Agradeci o conselho, mas ainda estava priorizando a ideia do PFL. Dias depois, conversei com o senador Jorge Bornhausen, presidente do então PFL, e ficou tudo acertado. No último dia de inscrição, Fernando Henrique me liga às 7h e diz que a melhor opção era o PSDB.

Eu o lembrei da conversa anterior e perguntei: "Mas quem é o líder lá que cumpre palavra?".

"Serei eu", me garantiu Fernando Henrique.

Por vias transversas, acabei acatando a sugestão inicial de Lula e saí candidato a deputado federal pelo PSDB.

Depois de tantos anos de Estados Unidos, a campanha em Goiás foi um banho de Brasil. Visitei todas as regiões do estado, e as lições que aprendi então me ajudam até hoje a entender o que é a política de fato.

Em uma das minhas primeiras viagens, em Jussara, no noroeste do estado, divisa com o Mato Grosso, fiz um discurso sobre como pretendia trazer investimentos para Goiás. Havia umas oitenta pessoas na sala, a maioria fazendeiros, médicos, advogados e políticos da cidade, e quando terminei, ouvi aplausos polidos. Um cidadão pediu para me fazer uma pergunta.

"Belo discurso, doutor, belo discurso. Agora, o que é que o senhor vai fazer por nós aqui?", ele me perguntou.

"Acho que não me comuniquei bem, porque eu achei que tinha explicado isso. Vou trazer investimento, criar emprego, renda...", eu disse, mas notei que minha resposta não o satisfazia. "Mas, para eu entender melhor, quem os senhores apoiam aqui para deputado?", perguntei.

Eles deram o nome de um político conhecido, e eu retruquei: "E ele está cumprindo as expectativas de vocês?".

O cidadão abriu um sorriso. "Ah, sim, senhor, muito. Ele arrumou um emprego pro meu irmão, acertou uma verbinha para asfaltar o acesso à fazenda do fulano de tal", e continuou citando a série de benesses paroquiais que o deputado havia conseguido.

Eu não pretendia ser esse tipo de político e fui sincero: "O senhor deve continuar votando no seu deputado, porque o meu programa é outro".

Nunca me esqueci dessa conversa, pois ela me ajudou a entender os congressistas. Eles são os fiéis depositários de uma gama enorme de interesses e precisam dar conta das expectativas desses eleitores.

Não importa se o político é de direita ou de esquerda. No final do mandato, ele vai voltar ao mesmo eleitor que o mandou para Brasília e será cobrado. E muitas dessas cobranças são por essas obras paroquiais, a reforma de uma escola ou de uma estrada. Quando os deputados cobram uma autoridade por mais verbas, estão apenas vocalizando o que os seus eleitores lhes pediram para fazer. E, assim, garantindo a sua sobrevivência eleitoral. Isso é a política da vida real.

Isso não significa que não exista espaço para um outro tipo de discurso. Sem prometer obras, e sim representando os interesses do estado, fui o deputado federal mais votado. Tive a maior votação da história de Goiás para deputado federal até aquele momento.

*

Em outubro de 2002, Lula foi eleito presidente, com 61% dos votos no segundo turno contra José Serra. Eu havia sido eleito deputado federal com uma votação impressionante, e o governador reeleito, Marconi Perillo, me pediu para ajudá-lo a atrair empréstimos do Banco Mundial para Goiás. Era início de dezembro, e fui a Washington para as conversas com o Banco Mundial. Depois, estava em Nova York quando o telefone tocou. Era o Mercadante.

"Onde é que você está?"

"Estou em Nova York", respondi.

"Ah, que bom! O Lula quer conversar com você e ele vai viajar amanhã para Washington, para fazer a primeira visita oficial como presidente eleito. Você pode ir a Washington conversar com a gente?"

Eu concordei.

Embora a expectativa fosse imensa, Lula ainda não havia anunciado sua equipe. Era óbvio que aquele convite não era para tomar chá.

Voltei a Washington e nos reunimos na residência do embaixador brasileiro, uma casa de três andares. Conversamos no terceiro andar.

Naquele momento, o Brasil tinha dois problemas fundamentais. Um era o câmbio – mas não a taxa de câmbio, a relação de troca das moedas, e sim a disponibilidade de moeda forte para cumprir as obrigações do país. Quando assumimos, as reservas internacionais eram de 38 bilhões de dólares. Meses antes, o país havia assinado um acordo com o FMI para ter acesso a um empréstimo de 30 bilhões de dólares – àquela altura, já havia sacado 12 desses 30 bilhões de dólares. Em maio de 2003, o país chegou a 15 bilhões em reservas.

Quando se fala em câmbio, é preciso sempre lembrar a frase do ex-ministro Mario Henrique Simonsen: "A inflação aleija, mas o câmbio mata". E por quê? Porque o Brasil não pode emitir dólares. Por isso, muitas soluções que dão certo nos Estados Unidos não funcionam aqui.

O segundo problema era a inflação, que à época rodava em mais de 12% ao ano. Lula ouviu minha explicação e foi direto: "Dá para resolver?".

Expliquei o que poderia ser feito, e aí ele me fez o convite para ser presidente do Banco Central. Respondi: "Aceito com uma condição: total independência".

"Mas... independência? Eu te nomeio e você tem total independência?", o presidente eleito me perguntou.

"Sim, presidente. Isso existe institucionalmente. Você nomeia o ministro do Supremo e ele é independente... Em diversos países o BC é independente. O presidente e os diretores do BC são nomeados pelo presidente da República, depois são sabatinados e aprovados pelo Senado, mas a partir daí eles são independentes. Isso dá liberdade e segurança ao BC para trabalhar na sua missão primordial, que é controlar a inflação sem influência do ciclo político."

Ele me olhou nos olhos e concordou.

Eu já havia me preparado para a conversa. Foi por isso que, quando Lula me perguntou se eu tinha solução para o problema do Brasil, eu já apresentei um diagnóstico claro: a fragilidade internacional do país era uma decorrência direta da falta de reservas internacionais. Esse era o problema estrutural que, enquanto não fosse atacado, iria sempre nos deixar sob ataque.

Lógico que eu sabia que o nascente governo Lula era visto com desconfiança e que isso contribuía em muito para o pânico do mercado financeiro. Mas essa era uma questão conjuntural, solucionável se Lula, uma vez presidente, tomasse medidas acertadas. As reservas internacionais, no entanto, eram um desafio de médio prazo.

Nos vários cargos que tive no Boston, à época com presença em 32 países, vi várias situações que comprovaram a importância de um BC independente. Um exemplo era o México. Uma vez, numa discussão com investidores americanos, notei que eles estavam com muitas dúvidas sobre o Brasil, mas tranquilos com o México. Perguntei o motivo. "O Banco Central do México é independente", eles me responderam. O fato de a gestão da política monetária ser conduzida de maneira independente das necessidades de curto prazo do governo de plantão era uma vantagem que o México tinha sobre o Brasil.

Por isso é que o meu pedido a Lula havia sido a independência do BC. Não se tratava de uma extravagância pessoal ou uma desconfiança sobre as intenções do futuro governo petista. Era, e continua sendo, a melhor forma de a autoridade monetária ter liberdade de ação para atingir seu objetivo de controlar a inflação, estabilizar a economia e gerar as condições de segurança para investimentos privados.

Eu havia encontrado Lula pela primeira vez em 1995. À época, eu presidia a Câmara Americana de Comércio e, a pedido de Aloizio Mercadante, organizei um encontro de Lula com empresários.

Um ano antes, Lula havia sido derrotado pela segunda vez na tentativa de ser presidente. Numa conversa, Mercadante me deu seu diagnóstico: Lula nunca venceria uma eleição presidencial se não ampliasse o diálogo com a sociedade.

No debate na Câmara Americana, havia, de um lado, Lula e outros cinco dirigentes do PT. Do outro, eu e cinco executivos de multinacionais americanas. Tivemos uma interação que me deu a certeza de que Lula era, acima de tudo, pragmático.

*

Como presidente mundial do Banco de Boston e responsável pela instituição em 32 países, eu tinha uma visão do que estava gerando aquela crise de 2002. Meses antes, havia participado de uma discussão entre um grupo técnico formado por presidentes de bancos centrais e um grupo mais seleto de economistas, e saí daquela reunião com a visão de que quando um país está com muitos problemas, como era o caso do Brasil, é ineficaz tentar resolver trinta deles ao mesmo tempo – que é a reação normal. Você tem que se concentrar em dois ou três dos mais importantes e fundamentais.

Concluí que, entre os problemas do Brasil em 2002, o primeiro era a inflação e o segundo, o câmbio – não a cotação, mas a falta de reservas em moeda estrangeira.

Quando eu estava em Boston, conversava muito com um grande amigo, colega e economista chamado Carroll Perry. Depois do expediente, caminhávamos pelo passeio público enquanto discutíamos economia e o Brasil. Como ele já havia passado alguns anos no Brasil, conhecia e sabia dos entraves do país. Perry estava convencido – e eu também – de que era possível fazer o país crescer de forma sustentável desde que houvesse força política para tomar as medidas necessárias. A lembrança dessas discussões foram muito úteis para que eu mantivesse diretrizes muito claras do que eu deveria fazer no governo Lula.

Quando Lula me perguntou se dava para resolver o problema do Brasil e eu respondi "sim" de forma tão categórica, era porque já vinha pensando e discutindo muito o que deveria ser feito. Aceitei ser o presidente do BC de um governo do PT porque eu tinha os fatos ao meu lado. Os fatos me diziam que eu podia fazer um bom trabalho.

*

Fui anunciado no mesmo dia que José Dirceu, então presidente do PT, coordenador da campanha de Lula e símbolo da luta clandestina contra o regime militar. Anos depois, li que isso não foi coincidência. Era uma forma de Lula reduzir a previsível resistência da esquerda ao meu nome.

Na véspera de ser sabatinado pelo Senado, ainda em dezembro de 2002, eu telefonei para Lula e combinei que, se questionado sobre o assunto, diria que nós dois tínhamos um acordo de total autonomia e que o governo do PT iria apresentar um projeto para deixar na letra da lei a independência do BC. Lula concordou.

A sessão no Senado foi tensa. A ala mais à esquerda do PT era contra a minha indicação, e a então senadora Heloísa Helena chorou quando o partido decidiu que ela não deveria participar da sessão na Comissão de Assuntos Econômicos. Então senadora pelo PT de Alagoas, ela queria vetar meu nome sob o argumento de que eu, enquanto executivo da iniciativa privada, havia "servido aos interesses financeiros internacionais". O partido bancou a decisão do governo, mas o racha foi tão grave que tempos depois os radicais saíram para formar outra legenda, o PSOL.

À época, perguntei diretamente a Lula: "O que levou o senhor a decidir exatamente pelo meu nome?".

Lula foi astuto. "Meirelles, é o seguinte: o problema do Brasil na época era com os bancos internacionais, não era? O que eu fiz? Convidei um presidente de um banco internacional para vir resolver o problema." Ou seja, o argumento oposto ao da então senadora do PT.

*

No momento em que comecei a trabalhar no BC, as obrigações que o Brasil tinha no exterior eram maiores do que a quantidade de reservas disponíveis.

Todas as reservas internacionais do país somavam 38 bilhões de dólares, sendo que 12 destes vinham de um empréstimo de 30 bilhões de dólares junto ao FMI, acertado meses antes no final do governo Fernando Henrique.

Só havia uma forma de impedir que o país quebrasse de verdade: mostrar que a gestão Lula teria uma política monetária séria e que faria o que fosse necessário para equilibrar as contas públicas. Não podia haver tergiversação naquele momento, e por isso foi importante que o governo não aceitasse sequer que um parlamentar da sua base atacasse a minha nomeação. Era preciso mostrar unidade.

Num primeiro momento, mantive a equipe de diretores do Banco Central que vinha trabalhando com Armínio Fraga, uma sinalização de que não haveria sobressaltos na transição de um dirigente para outro. Mas isso não bastava. O governo Lula precisava se mostrar "mais realista que o rei" para que os agentes econômicos lhe dessem um crédito de confiança.

CAPÍTULO 8

SOB FOGO AMIGO
(2003-2008)

O Brasil da virada de 2002 para 2003 estava perto do abismo. Nominalmente, o dólar estava em R$ 3,52, o que, corrigido para 2024, seria como se a moeda norte-americana valesse o equivalente a quase 8 reais. A inflação chegou a 12% nos doze meses finais do governo Fernando Henrique, o pior resultado desde o início do Plano Real. Todos os indicadores estavam desancorados devido à sombria expectativa do mercado de que o governo Lula iria cumprir várias das promessas da pauta econômica do PT, como a suspensão do pagamento das dívidas externa e interna, a ampliação de gastos públicos sem lastro e a intervenção na política de juros.

Eu estava na equipe porque sabia que nada disso iria acontecer e que Lula seria um presidente pragmático. Quando aceitei ser presidente do Banco Central, ainda não estava claro que Antonio Palocci seria nomeado ministro da Fazenda. Apesar de problemas pessoais posteriores, Palocci foi um excelente ministro. Tivemos uma relação muito franca. Ele não era economista, mas médico sanitarista, e montou na Fazenda uma equipe de economistas de primeira linha, como Joaquim Levy, Marcos Lisboa, Bernard Appy e, posteriormente, Murilo Portugal. Era um time que sabia o que estava fazendo.

Mesmo assim, o risco de o país desandar era sério. Eu tinha noção de que qualquer escorregão na transição poderia nos levar a um abismo como o que a Argentina estava vivendo, quando o fim da paridade entre dólar e peso gerou uma crise política institucional.

Minha relação com Armínio Fraga foi excelente no período de transição. Depois do anúncio oficial do meu nome, fazíamos reuniões quase diárias em Brasília e, nos fins de semana, na casa dele no Rio de Janeiro. Para ajudar na transição e controlar as expectativas do mercado, a equipe de Armínio Fraga aumentou a taxa Selic na reunião de novembro de 21% para 22%, e depois para 25%, em dezembro. Armínio e sua equipe – que incluía economistas do calibre de Beny Parnes e Luiz Fernando Figueiredo – transmitiam ao mercado os sinais corretos de que não seríamos lenientes com a inflação.

A parceria ajudou para que os diretores permanecessem em seus cargos nos primeiros meses e fez com que eu pudesse agir com completo domínio da função desde o primeiro dia no cargo. Nas reuniões, havíamos concordado que a taxa Selic de 25% ao ano já se aproximava do suficiente para a inflação cair, só que a expectativa de inflação do mercado não se mexia. O medo, o preconceito e o desconhecimento em relação ao governo Lula eram naquele momento maiores do que os sinais que estávamos emitindo. Era preciso mostrar que estávamos falando sério. Por isso, logo na minha primeira reunião como presidente do Comitê de Política Monetária (Copom), decidimos aumentar ainda mais os juros que já estavam altos, agora para 25,5%.

Como essa era a primeira reunião do BC sob o mandato de Lula, o mundo caiu. Deputados e senadores do PT chiaram. Eu fui em frente. Se Lula queria de fato controlar as expectativas, ele precisava mostrar que o BC não ia se curvar às pressões políticas.

Logo depois, José Dirceu, então ministro da Casa Civil e ex-presidente do PT, disse publicamente que o presidente Lula iria ordenar a queda dos juros na reunião seguinte. O mercado balançou e esqueceu todo o nosso esforço para mostrar a seriedade da política econômica, apesar da Selic em 25,5%. Exemplo de como essa taxa era alta: descontada a expectativa da inflação, ela significava uma taxa real de 16,4%. Mas a questão não era de números. Era de confiança.

Jornalistas foram me procurar e eu não disse nada. Tomei desde então a postura de que o papel do Banco Central não é discutir juros pelos jornais. Eu iria fazer o que achava que deveria ser feito, ignorando as pressões.

Na reunião do Copom de fevereiro, ao invés de baixar a taxa de juros, como tinha sido anunciado pelo ministro Dirceu, nós subimos para 26,5%. Foi um acontecimento. Não apenas Dirceu, mas até meu aliado Aloizio Mercadante. O vice-presidente José Alencar também deu entrevistas e criticou a decisão, apontando que as taxas de juros levariam o Brasil a uma recessão.

Eu entendia que a eleição de Lula havia criado a expectativa política de uma reviravolta na economia, mas essa tal reviravolta poderia virar um desastre se não houvesse mão firme na política monetária. Por isso, essa segunda alta dos juros – contrariando o que o ministro mais poderoso do governo havia dito – deu a todos a confiança de que o BC tinha realmente autonomia. Foi isso que derrubou a expectativa de inflação e a própria inflação meses depois.

Não havia na reunião do Copom (Comitê de Política Monetária do Banco Central) uma discussão sobre coisas como "o ministro disse isso" ou "o presidente espera aquilo". O Copom compreende dois dias de discussões exaustivas sobre dados técnicos. Debate-se abertamente indicadores macroeconômicos e microeconômicos, sem nenhum tipo de censura. Cada diretor tem seu espaço para mostrar suas posições. Mas a política – especialmente a política partidária – fica da porta para fora.

A decisão do Copom de fevereiro de 2003 não foi para "responder ao Dirceu", como alguns colunistas acharam por bem concluir. Foi uma reação aos dados técnicos que mostravam uma expectativa de inflação descontrolada.

Em maio, a crítica veio ainda mais de cima. O vice-presidente José Alencar disse em entrevista que faltava "competência ao BC". Segundo ele, "se não tivermos coragem de defender nosso país, temos de pedir desculpas aos 175 milhões [de brasileiros] e voltar para casa".

Eu não esperava um ataque tão frontal. Embora houvesse sido senador, Alencar era fundador da empresa Coteminas e um porta-voz importante do empresariado. Além disso, havia o rumor de que ele falava abertamente o que o presidente Lula dizia entre quatro paredes. Avaliei que nesse caso era necessário rebater e calculei minha resposta.

"O que define a competência do BC é o seu sucesso ou não no cumprimento da sua missão básica, que é o controle da inflação. Portanto, é isso que vai decidir o nível de competência desta ou de qualquer administração ou de qualquer BC", respondi.

Também deixei claro que estava preparado para o tiroteio. "O BC deve estar preparado para estar no centro do debate. Nossa posição é de serenidade e de tranquilidade. Não é da competência do BC decidir se uma autoridade deve ou não falar sobre cada assunto", disse.

José Alencar seguiu esbravejando contra a taxa de juros até o final do governo, e eu continuei fazendo o que achava correto. Discordamos, mas afastei a possibilidade de cairmos em um bate-boca público, o que só prejudicaria o meu trabalho no BC. Era preciso escolher os adversários.

Quando estávamos debatendo as metas de superávit primário, Palocci pediu minha opinião. A meta anunciada pelo governo FHC era 3,75%, e Palocci pretendia elevá-la para 4%, num gesto de compromisso do novo governo. Como ele era médico, sempre tive o hábito de chamá-lo de doutor.

"Pois eu acho, doutor Antonio, que a meta de 2003 deveria ser 4,25%", respondi.

"Mas 4,25% é uma coisa brutal! Precisa ter esse arrocho fiscal todo?", reagiu o ministro.

"É necessário. Tem que ser feito. E é muito importante, porque é um aumento que, além do aspecto quantitativo, tem um aspecto qualitativo. Ou simbólico. O primeiro movimento fiscal do PT deve ser o de mostrar mais austeridade do que Fernando Henrique."

Depois de alguma conversa, o ministro aquiesceu e, posteriormente, convenceu o presidente. Na realidade, no primeiro ano, o superávit primário terminou sendo ainda maior, de 4,35% do PIB, em função da incapacidade de alguns ministérios em gastar todo o seu orçamento.

O diálogo permanente com o Ministério da Fazenda garantiu que sua política fiscal caminhasse junto com a política monetária do Banco Central. Essa concordância torna a economia de um país mais previsível, estável e saudável.

Quando cada política caminha numa direção, como aconteceu durante uma parte do governo Lula 2 e no governo Dilma, tem-se a receita de como gerar uma crise de confiança:

o Banco Central faz uma política monetária contracionista para diminuir a demanda e controlar a inflação, enquanto a Fazenda faz uma política fiscal expansionista, jogando dinheiro na economia, expandindo o consumo e, portanto, alimentando a inflação. No primeiro governo Lula as coisas funcionaram com eficácia exatamente porque as duas políticas estavam coordenadas.

Palocci entendeu um conceito que muitos economistas da esquerda se recusam a aceitar: o gasto público tem efeito apenas até um certo ponto. O que gera emprego e crescimento de um país é o setor privado, não o público. O governo pode e deve criar as condições para o empresário investir e gerar um ambiente de confiança para o cidadão consumir. Isso irá aumentar as vendas, a produção e gerar mais empregos. Ao passo que o governo tomar o lugar do mercado para impulsionar sozinho a economia é um fator que inibe o investimento privado, não gera empregos e, no médio prazo, causa um déficit nas contas públicas que termina sendo pago por todos.

É uma ilusão comparar a capacidade de o Estado brasileiro intervir em um crescimento sustentado da economia com a dos Estados Unidos. Como emissores de dólar, usada para transações internacionais e como reserva pela maioria dos países, a moeda que transmite mais segurança no mundo, os Estados Unidos simplesmente têm liberdade para aumentar o gasto público quando querem impulsionar a economia. A Alemanha tem uma tradição de austeridade fiscal longeva que todos sabem que será respeitada. Além do mais, o euro pode não ser alemão, mas é uma moeda forte. Por isso, países como os Estados Unidos ou a Alemanha têm uma capacidade de aumentar a despesa pública e incentivar o crescimento que, por uma série de motivos históricos e estruturais, o Brasil ou a Argentina não têm.

No momento em que o governo brasileiro aumenta a despesa da União, gera uma incerteza quanto à sustentabilidade da dívida pública, uma vez que mais gasto implica mais déficit e uma dívida pública maior para ser rolada. Essa espiral aumenta a percepção de risco, encarece o crédito e, portanto, reduz os investimentos privados. O crescimento que você consegue com os investimentos públicos termina sendo anulado e, na maioria das vezes, superado pela queda nos investimentos privados e pelo aumento no custo do crédito. O efeito é justamente o contrário do que muitos economistas aprendem em escolas de economia ditas heterodoxas.

O time de Palocci, na Fazenda, e nós, no BC, entendemos que a união da inflação controlada com a disciplina fiscal traria estabilização da economia com controle da inflação, o que levou à expansão do crédito, ao crescimento, a saldos comerciais importantes, à acumulação de reservas e à estabilização da questão cambial, que era o maior problema quando cheguei ao BC. No final de 2002, com a tensão eleitoral e o receio de um governo Lula, o BC teve de enfrentar um mercado escasso de dólares.

Quando assumi, ainda existia um procedimento que se chamava "ração": era a quantidade de dólares que o BC vendia diariamente no mercado. Um dia, eu mandei suspender a ração. Luiz Fernando Figueiredo, diretor de Política Monetária, entrou na minha sala aflito, preocupado com o impacto que o fim da "ração" causaria no mercado. Ele temia uma forte alta do dólar. Discutimos se deveríamos soltar um comunicado ao mercado detalhando os motivos para o fim da oferta de dólares.

Ao final, concluí que o melhor a fazer era não explicar. "O Banco Central não precisa dizer nada. Ele age", eu disse. Naquele dia, o dólar, em vez de subir, caiu: o mercado interpretou nossa atitude como um sinal de confiança do BC.

*

Depois que assumi o BC, o presidente Lula de fato apresentou o projeto que instituía a independência do Banco Central. Era um projeto em duas partes: na primeira, uma emenda constitucional desvinculava a regulamentação do BC da regulamentação do mercado financeiro como um todo e dava ao BC a palavra final sobre a regulação de mercado. Na segunda parte, haveria o mandato para os diretores e o presidente. A primeira parte foi aprovada. A segunda parou no Congresso.

Meses depois, o presidente me chamou e disse que não poderia aprovar o projeto. "A esquerda toda é contra..."

Eu não esperava aquele recuo, mas dei uma resposta que marcou nossa relação dali por diante: "Presidente, vamos combinar o seguinte: nós temos um trato, e eu vou honrar o acordo de independência. O senhor vai manter a prerrogativa constitucional de me exonerar, mas isso é um problema seu, não meu. Se algum dia o senhor quiser, o senhor tem o direito de me exonerar, mas eu vou continuar a agir de forma independente". E foi assim que agi até transmitir meu cargo em 2 de janeiro de 2011.

*

No BC, tive o privilégio de formar grandes equipes, com diretores como Eduardo Loyo, Afonso Bevilaqua, Alexandre

Schwartsman, Mário Torós e Mário Mesquita, além de outros bons membros da diretoria, funcionários de carreira do Banco Central como Alexandre Tombini e Carlos Hamilton. Bevilaqua e Loyo eram da chamada área econômica, que em última análise propõe as decisões e toda a linha do Banco Central nessa área. Chamei Schwartsman para uma função específica: implantar a liberdade cambial.

Naquela época – algumas coisas ficaram esquecidas no tempo – o mercado de câmbio no Brasil era um entrave ao crescimento. Nós tínhamos 25 mil regulamentos de câmbio no Banco Central. Tudo que o cidadão queria fazer era regulado: se queria mandar um dinheiro para o exterior, fosse para pagar uma dívida ou enviar dinheiro a uma filha que estudava numa faculdade, precisava de autorização do Banco Central. Queria mandar 500 dólares? Pois pedisse autorização. Qualquer transação cambial tinha que ser autorizada pelo Banco Central. Nós achávamos que a solução era liberar tudo isso, instituir de fato a liberdade cambial.

Quando falei isso para empresários nacionais, todos ficaram horrorizados com a ideia. "Ih, mas aí todo mundo vai mandar dinheiro pra fora, vai ser uma loucura, vamos virar uma Argentina..."

Eu repliquei: "A dinâmica é oposta, vai começar a vir mais investimento para o Brasil. Quando você impõe restrições para a retirada de dinheiro no país, poucos vão colocar dinheiro aqui. Já quando isso é uma operação simples, a empresa tem confiança de poder investir porque sabe quando quiser remeter lucros, não ficará presa aguardando uma autorização burocrática. No momento em que você faz isso, gera confiança, porque o investidor pode levar o dinheiro de volta na hora em que tiver retorno".

Eu sabia que isso geraria uma polêmica muito grande, já que as pessoas achavam que era necessário controlar as transações e as remessas em dólar. Os empresários nacionais combateram a reforma.

Depois vim a entender que as críticas não tinham motivação pública – a de que haveria uma fuga de dinheiro do país. É porque eles também entenderam que, à medida que você abrisse, passariam a chegar mais investimentos. Do ponto de vista do país, chegar mais investimento é bom. Mas, dependendo da empresa ou do empresário, ele enxergava aquilo como uma potencial fonte de competição. Empresas que mantinham a sua fatia de mercado por causa da vantagem de um mercado fechado, fazendo um produto caro, ineficiente, de baixa qualidade, temiam a concorrência de uma empresa estrangeira que poderia produzir com melhor qualidade e menor custo. Muitos empresários que se dizem nacionalistas na verdade só estão defendendo suas reservas de mercado. Enfrentar esse *lobby* foi uma luta muito grande.

Eu precisava de alguém na Diretoria Internacional para enfrentar essa briga de frente. Por todas as informações que reuni, e pela fama que eu já conhecia, escolhi Alexandre Schwartsman. Ele não temia uma briga. Schwartsman brigava tanto que mesmo sem me conhecer pessoalmente já havia brigado comigo. Quando o meu nome foi anunciado, ele publicou um artigo na *Folha de S.Paulo* me criticando. Ele argumentava que não era necessário vir alguém de fora do Brasil para o Banco Central.

No dia em que eu o convidei, ele me lembrou do artigo. "Tudo bem, Alexandre. O que você pensava no passado não me importa, desde que você tenha mudado de opinião. Eu quero saber do futuro, se você vai fazer um bom trabalho agora que está trabalhando comigo", respondi. Ele topou e fizemos uma boa dupla.

O Copom é uma conquista recente. Foi apenas no segundo governo de Fernando Henrique Cardoso que ele foi instituído nos moldes que conhecemos hoje, com reuniões regulares, previamente marcadas e com participação de todos os diretores em igualdade de posição.

Quando cheguei, procurei aumentar o profissionalismo no Copom. Orientei os diretores para que não trocassem ideias antes da reunião, porque queria que eles debatessem seus pontos de vista na frente de todos com ideias próprias, que não chegassem influenciados pela opinião uns dos outros. Estava convencido de que quanto maior o debate, maior o frescor das opiniões e mais firmes seriam as decisões. Eu não conversava com ninguém sobre o Copom nos dias anteriores à reunião.

Minha segunda providência foi instituir um sistema no qual o voto do presidente sempre seria o último, novamente para ajudar na independência do que cada um tivesse a dizer. Isso para que eles não se deixassem levar pela tendência de algumas instituições nas quais os executivos acompanham o voto do presidente. Fiz isso para dar espaço para diretores intelectualmente independentes tomarem suas decisões sob critérios estritamente técnicos.

Fizemos também um aperfeiçoamento grande no sistema de projeção de inflação. Estabelecemos um sistema no qual o Copom, através de uma metodologia de modelos matemáticos, fazia projeções de inflação baseadas em diversas hipóteses – projeção de inflação baseada na Selic atual: se mudasse a Selic, qual seria a evolução da inflação?; previsões de mercado: qual seria a inflação se a Selic seguisse aquilo que estava previsto pelo mercado?; e outras taxas Selic que algum diretor pudesse sugerir. Assim, poderíamos testar cenários hipotéticos, dando mais segurança aos diretores nos seus votos.

Nos Estados Unidos, o Fed tem duas atribuições: manter a inflação sob controle e maximizar os empregos. Mas eles adotaram uma interpretação de que a melhor forma de maximizar os empregos é controlar a inflação, o que gerou as circunstâncias para um ambiente com mais investimento privado, mais crescimento e mais emprego.

Então, no meu período, a missão do Copom era a de botar a inflação na meta, e ponto final. Uma taxa Selic alta pode causar uma queda na atividade e até recessão no curto prazo? Que seja, depois as coisas se acertam. Uma economia sadia dá resultados mais duradouros, tanto que ao longo do meu período do BC o Brasil cresceu em média 4% ao ano, chegando a 7,5% em 2010. Superamos em 2008 a maior crise mundial desde a recessão de 1929-1930, criamos 11 milhões de empregos e 50 milhões de brasileiros saíram da pobreza.

São dois dias de reunião do Copom, sempre nas terças e quartas-feiras. Aparelhos celulares são proibidos na sala e ninguém deve sair do prédio para qualquer compromisso durante o dia, para ressaltar o sigilo do processo.

No primeiro dia são feitas as apresentações técnicas das projeções de macroeconomia. Os diretores técnicos de várias áreas do BC apresentam seus diagnósticos sobre, digamos, liquidez do mercado, volatilidade dos juros futuros, riscos de estresse do sistema financeiro, entrada e saída de capital etc., incluindo a apresentação das conclusões dos modelos sobre o que aconteceria se a taxa Selic fosse para A ou para B.

Todos podem e devem fazer perguntas. Todos pensam bastante, redigem seus votos e, na reunião da quarta-feira, cada um lê a sua decisão. Sempre achei que seria bom que os diretores concluíssem sua opinião baseados em dados objetivos, o que não os impedia de alterar alguma coisa dependendo da opinião e do voto de outros diretores.

No segundo dia da reunião, na quarta-feira, ficam apenas os membros do Copom, e aí o embate pega fogo. Cada um apresenta seu voto, começando pelo diretor de Política Econômica, que justifica sua posição com as projeções de inflação, usando os modelos disponíveis. É dele o voto que inicia a decisão, que dá a direção da área especializada.

Já o diretor de Política Monetária é encarregado de assegurar que a taxa Selic prevaleça no dia a dia das operações do mercado aberto. O Banco Central entra vendendo e comprando dinheiro todos os dias à taxa Selic. Essa é a responsabilidade principal do diretor de Política Monetária, assegurar a implementação e o funcionamento da taxa Selic.

Quando terminava a reunião do Copom, ninguém saía da sala até a divulgação da decisão no comunicado para a imprensa. É uma questão de minutos. O assessor de imprensa entrava na sala, era comunicado sobre a decisão, recebia o comunicado redigido pelo Copom e o divulgava para a mídia.

O sistema funcionava. Com uma dinâmica tão técnica, tão baseada em projeções, os votos tendiam a convergir. Dificilmente haveria uma maioria decidindo por uma motivação emocional, já que o voto precisava estar baseado em fatos, em números, sem achismo ou viés político. Na medida em que todos os modelos indicavam que a convergência da inflação no horizonte previsível era a taxa x, a tendência dos diretores era concordar com essa taxa. Não pode existir achismo numa decisão do BC.

O Copom precisa levar em conta a expectativa de inflação. Por isso, quando o governo ataca o Banco Central, isso altera as expectativas de inflação dos agentes econômicos e, no limite, a própria taxa a ser fixada pelo Copom. Por quê? É muito simples: se você é um comerciante ou industrial e acha que a inflação vai se manter alta, é mais provável que você aumente os preços.

Em circunstâncias de pressão inflacionária, o empresário só mantém os preços se houver uma queda forte na demanda ou se entender que os preços dos concorrentes vão ficar estáveis. Um dos eixos da estabilidade de preços, portanto, é justamente um mercado previsível, sem agitação e gritaria. Ao contrário do que muitos políticos pensam, quanto menos eles falam contra os juros, mais eles ajudam os juros a caírem.

Uma vez me perguntaram se os votos no Copom eram dados por consenso, como se houvesse uma ordem unida no BC. A melhor resposta é uma frase da Margaret Thatcher sobre seu governo: "Não há decisão por consenso no Reino Unido. Há decisão por maioria". Assim era nos meus tempos de BC.

*

Ser presidente do Banco Central é saber viver sob pressão. Tive um amigo chamado Allan Wentzel, grande economista americano que, no início dos anos 1980, previu que a política do governo Figueiredo, de expansão dos gastos públicos, financiada pela expansão monetária providenciada pelo BC, levaria o Brasil à hiperinflação – como, aliás, levou. Ele me contou que estava numa reunião de presidentes de bancos centrais e economistas renomados em Lucerna, na Suíça, no final dos anos 1970. Os Estados Unidos viviam à época um descontrole inflacionário em função dos choques do petróleo, passando do recorde histórico de 12% ao ano.

O grupo debatia as causas da inflação, e ele notou um sujeito magro, muito alto, encostado na parede. Ele só ouvia, não falava nada. Semanas depois, o cidadão foi nomeado presidente do Fed. Jogou os juros de 11% para 21%, derrubou a inflação de 12,5% em 1980 para 3,8% em 1982 e assegurou um crescimento sustentado por vinte anos. O nome do cidadão era Paul Volcker.

Depois da história, Wentzel me disse: "Qual é a lição que nós podemos tirar disso? A lição é: a principal qualificação de um presidente de um Banco Central é a coragem".

*

Não foi simples, mas ao final de 2003 a inflação estava controlada. O mundo parou de duvidar da responsabilidade do governo do Brasil. Em doze meses, o real valorizou-se 13% em relação ao dólar. O risco-Brasil, que reflete a percepção de segurança que os investidores estrangeiros têm em relação à capacidade de o país pagar sua dívida externa, caiu quase 70%. Pelo medo de que o governo Lula daria um calote nos papéis, os investidores calculavam em 2002 um risco de 1.446 pontos nos papéis brasileiros. Depois de um ano da nossa gestão, os papéis estavam em 463 pontos, menor nível desde maio de 1998. Em seguida, continuaram caindo.

O tempo mostrou que a alta da Selic definida nas primeiras reuniões era um tratamento de choque necessário. Quando o mercado percebeu que o BC tinha independência no governo Lula, os ânimos baixaram, os temores se reduziram e o mercado passou a entender que, mesmo com um extenso rol de promessas de gastos sociais, o governo teria responsabilidade fiscal.

Isso permitiu controlar as expectativas, e já em janeiro de 2004 pudemos reduzir a Selic de 26,50% para 16,50%. Em um ano cortamos dez pontos percentuais apenas com a demonstração de credibilidade.

Nesse período, pagamos todas as dívidas internacionais, incluindo o Fundo Monetário Internacional. Eu tive a satisfação de assinar o cheque de 30 bilhões de dólares ao FMI. O presidente Lula fez uma festa com o anúncio, porque havia um enorme simbolismo político. Durante todos os anos 1980, a oposição gritava "Fora FMI" e atacava a ingerência do organismo na economia brasileira. O maior baque na reputação de Fernando Henrique como líder do plano econômico que havia derrubado a inflação foi, pelas condições econômicas, ter sido obrigado a recorrer duas vezes ao FMI, entre 1999 e 2002. Quando o governo Lula assumiu, o país ainda estava sob a tutela do Fundo.

Pagar antes do prazo o empréstimo ao FMI era uma gigantesca vitória política para Lula, mas para mim era só uma batalha. A minha fixação, a minha guerra particular, era evitar que as crises financeiras internacionais voltassem a ser um pesadelo para o Brasil, como foram nos anos 1990. A estabilização da inflação gerou um aumento do crédito, das exportações e gerou saldos financeiros relevantes. Isso abriu espaço para que o Banco Central iniciasse a compra contínua de dólares no mercado doméstico de câmbio para recompor as reservas internacionais.

Ao chegar ao Banco Central em 2003, encontrei 38 bilhões de dólares em reservas internacionais, uma boa parte comprometida com o FMI e outros organismos internacionais nos primeiros meses de governo. Em maio de 2003 chegamos a ter apenas 15 bilhões de dólares em caixa.

Em 2005, tínhamos um saldo efetivo de 54 bilhões de dólares, valor que alcançou 206 bilhões de dólares em setembro de 2008 quando enfrentamos – e superamos – a crise financeira global.

Um analista de mercado fez uma observação arguta: "Olha, as ações que o senhor tomou no Banco Central foram duras – colocou taxa de juros a 26,5% ao ano, apertou a liquidez, fez coisas que só seriam possíveis num primeiro ano de um governo do PT. Em qualquer outro governo, a reação popular ia ser brutal". É verdade. Afinal, o PT tinha acabado de ganhar depois de tantos anos, e a CUT e as entidades de esquerda não iriam organizar protestos contra o governo do PT. Esse panorama especial deu as condições para que se fizesse o que precisava ser feito.

A lição mais importante para o sucesso econômico de um governo é ter a política monetária (do Banco Central) e a política fiscal (do Ministério da Fazenda) andando na mesma direção – desde que essa direção seja a correta, obviamente. Isso vale para um governo de esquerda, de direita, liberal ou heterodoxo.

*

Viver em Brasília é conviver com o fogo amigo. Eu sabia que os ataques à minha gestão vinham de setores do próprio governo que gostariam de instrumentalizar o Banco Central. Eram ministros com gabinete no Palácio do Planalto.

Eu havia sido avisado, por vias tortas, que se continuasse com algumas políticas que considerava corretas, haveria uma reação. Primeiro com as notas anônimas nas colunas dos jornais, depois com os ataques nos discursos no Congresso e, finalmente, com ações na Justiça. E foi exatamente assim.

Primeiro surgiram notas de que o presidente estava insatisfeito com o meu trabalho. Sempre "*off the record*", jargão do jornalismo para informação sem designação de fonte. Depois surgiram deputados menos expressivos do PT dando voz a ataques à política monetária, mas que após descerem da tribuna diziam aos colegas que falavam em nome de seus líderes.

Por ideologia, em 2005, um procurador entrou com uma série de ações contra mim baseadas no fato de que, enquanto morei nos Estados Unidos e trabalhei para uma empresa com sede nos Estados Unidos, eu havia pago o meu imposto nos Estados Unidos, como mandam as leis americana e brasileira! Aquelas coisas sem pé nem cabeça, mas que fizeram a festa de políticos sem escrúpulos.

Por semanas, tive dúvidas sobre o desfecho de toda essa intriga. Eu estava satisfeito com o que estava conseguindo e sabia que estava fazendo a coisa certa. Mas a guerra política não é sobre a coisa certa. Eu não era um companheiro, não era alguém que iria subordinar os interesses do BC aos da política. Por isso, eu não era confiável.

Quando aceitei ser dirigente do BC num governo de esquerda, sabia que estava entrando em uma guerra. Você pode intuir antes de entrar que existem riscos, colocá-los em perspectivas e decidir entrar mesmo assim. Os riscos que eu imaginava que enfrentaria eram as desconfianças do mercado e, lógico, divergências políticas com outros membros do governo. O que eu não esperava era que tentassem atingir a minha reputação por via judicial. Naquele momento tive dúvidas se tinha feito a escolha certa ao aceitar ser presidente do Banco Central. Foram dias de agonia, similares aos que tive em Boston, no início da minha trajetória nos Estados Unidos.

Ambos os casos eram desafios culturais. Quando fui para Boston, enfrentei o choque da cultura corporativa e do conservadorismo da Nova Inglaterra. Em Brasília, era um embate sobre a versão econômica. Se sairmos do contexto e entrarmos na essência, existem similaridades nos dois casos. Havia uma diferença de visão, de ação e de cultura.

No meio daqueles ataques, fui fazer uma visita à minha mãe. Ela sempre foi contra eu entrar na vida pública. Acho que como ela vinha de uma família com atuação política intensa, sabia do ônus que a decisão acarretava.

Estávamos na sala, e uma amiga dela disse: "Dona Diva, a senhora tinha razão. Bem que a senhora nunca quis que o Henrique participasse de política, e ele agora está sofrendo todo tipo de injustiça... a senhora devia pedir a ele para largar isso". Minha mãe se virou para a amiga e para mim e reagiu: "Agora não, agora ele vai até o final". Era bem a postura dela não fugir da briga.

Palocci e eu levamos o problema ao presidente Lula, que foi muito correto comigo. Ele editou uma medida provisória dando ao presidente do Banco Central o status de ministro, o que juridicamente significava que ele só poderia ser julgado pelo Supremo Tribunal Federal. Com isso, o processo foi enfim decidido a meu favor no STF, mas ficou como exemplo de como o fogo amigo de Brasília é pesado.

*

Quando Antonio Palocci teve de deixar o Ministério da Fazenda, em março de 2006, o presidente Lula me chamou para uma conversa no Palácio do Planalto. Ele me disse que teria de entregar a Fazenda para o PT e que o escolhido seria Guido Mantega, à época presidente do BNDES.

Mantega foi efetivado como ministro da Fazenda e permaneceu no cargo até o final de 2014.

*

Graças ao crescimento econômico, Lula foi reeleito com 60% dos votos no segundo turno de 2006. Logo a seguir, ele anunciou que o carro chefe do seu segundo governo seria o PAC (Plano de Aceleração do Crescimento), uma reunião de vários projetos de infraestrutura que estavam parados ou nem haviam saído do papel e passaram a ter prioridade na liberação de recursos federais.

Com o PAC, ou seja, com o governo atuando para movimentar a economia, os assessores de Lula imaginavam que o país poderia crescer uma média de 5% ao ano. A taxa Selic estava à época em 11,25%, e muita gente do entorno do Lula afirmava que essa taxa impossibilitava o crescimento do país.

Um dia, em 2007, véspera da reunião do Copom, Lula me ligou: "Meirelles, eu nunca te pedi nada", ele começou.

"É verdade", eu respondi.

"Pois hoje eu vou te pedir. Vou te pedir que corte os juros, porque senão nós não vamos crescer os 5% da nossa meta. Você precisa colaborar e baixar a taxa de juros."

"Não, presidente, não preciso. Nós vamos fazer a política monetária correta e o Brasil vai crescer mais do que 5%", eu contra-argumentei.

Lula então passou a repetir as opiniões de várias pessoas que estavam buzinando no seu ouvido, que o único entrave para o Brasil crescer era eu. Ouvi tudo em silêncio e encerrei a conversa da forma mais polida possível. "Fique tranquilo, presidente, que vamos fazer o melhor para o Brasil."

O Copom manteve os juros no mesmo patamar porque não havia motivo factual para tomar qualquer outra decisão.

Porém, sei que o presidente ficou zangado comigo e por algumas semanas paramos de conversar.

Até que meses depois, na coluna Panorama Político do jornal O Globo, o jornalista Ilimar Franco publicou uma nota cifrada com o seguinte título: "a raiva passou". Um diretor do BC me perguntou o que era, e eu disse: "É um recado. Está tudo certo". Aí retomamos as audiências e a vida continuou. E, como eu havia dito, o PIB de 2007 foi de 6,1%, acima dos 5% do objetivo da turma do Palácio do Planalto.

*

Um dia, quando estava na reunião trimestral com os membros da Comissão de Assuntos Econômicos do Senado, meu amigo Mercadante, líder do governo no Congresso, começou a disparar contra a política de juros do BC.

O senador Tasso Jereissati, um dos cabeças do PSDB, pediu a palavra e ironizou: "Não estou entendendo uma coisa: como que o senhor está aqui sendo atacado pela situação e sendo defendido pela oposição?". Respondi que a oposição tinha posições corretas sobre política monetária.

Eu ri, mas não era engraçado.

*

Como o Brasil havia crescido muito e a inflação começado a subir em 2007, era necessária uma ação do BC para desaquecer um pouco a economia. Isso é o básico do manual de política monetária. A economia não sustenta um crescimento acima do limite potencial. Só que muitos dos interlocutores de Lula continuavam a usar a proximidade com o presidente para me acusar de sabotar os seus planos de um crescimento que era acima do potencial.

O que eles não entendiam, e que nós no BC sabíamos, era que o mundo estava num superaquecimento sem lastro. Era um novo ciclo de "exuberância irracional", como o presidente do Fed, Alan Greenspan, resumiu o *boom* do mercado de ações no final dos anos 1990. Estávamos em abril, e em outubro a crise dos *subprimes* atingiu o Brasil. Àquela altura, no entanto, o Brasil ainda não havia sido afetado pela crise americana.

Todos os dados dos modelos do BC mostravam que era necessário subir a Selic, mas as notas na imprensa indicavam que a reação no Planalto seria furiosa. Ouvi inclusive que o presidente havia sondado para o meu lugar um outro economista, cuja linha combinava totalmente com a dos heterodoxos do Planalto. Não havia hipótese de ceder às pressões, não só para reafirmar a independência que eu havia obtido como presidente do BC, mas porque sabia que elas iam na direção errada. O Brasil iria descarrilar se mudasse a trajetória de juros. A crise de 2007 nos Estados Unidos, com reflexos no Brasil em 2008, confirmou os perigos de juros excessivamente baixos por muito tempo.

Eu estava cansado de brigar sozinho. Enquanto Palocci e seus assessores estavam na Fazenda, eu sabia que havia no governo um time tarimbado com quem eu podia contar. Agora, havia dias em que eu sentia que estava lutando por algo que só nós do Banco Central considerávamos importante. Era um problema que piorava com o nível de intrigas vindas de outros ministérios.

Era maio de 2008, e concluí que era hora de ir embora. Havia um zum-zum-zum no mercado de que interlocutores do presidente estavam sondando possíveis nomes para o BC, e aquilo foi a gota d'água.

Procurei o presidente Lula. "Presidente, a economia está muito bem, crescendo, inflação na meta, criamos empregos... para mim é o momento ideal para sair. E é um bom momento para o senhor também, porque vai ser uma mudança que não é por crise, nem por desentendimento, mas por um ciclo ter sido cumprido." Até brinquei que estava imitando o Pelé e saindo dos gramados no auge.

Lula coçou a barba, me olhou, ficou em silêncio e depois de alguns instantes falou: "Meirelles, você nunca me convidou para jantar na sua casa...".

Eu disse: "Ué, presidente, está convidado".

Combinamos então um jantar na minha casa, que ficava às margens do Lago Paranoá, apenas nós e nossas esposas. Seria um jantar de despedida depois de quase seis anos de uma parceria muito exitosa.

No dia combinado, a segurança presidencial foi à minha casa fazer a checagem padrão para qualquer atividade do chefe da República. Uma equipe estacionou em frente à casa e uma lancha da Marinha ficou no Lago Paranoá.

Havíamos marcado o jantar para as 20h, mas a pontualidade não era uma característica das agendas presidenciais. Só que chegou às 21h e nada do Lula. Liguei então para Cezar Alvarez, o subchefe de gabinete, e perguntei onde estava o presidente. Alvarez disse que ele havia ido ao Palácio da Alvorada, a residência oficial, e que me daria um retorno. Seria natural ele vir do Alvorada junto com dona Marisa.

Só às 21h30 o Alvarez me retornou: "O presidente está recolhido na ala íntima do Alvorada. Não consegui falar com ele".

Pensei um pouco e pedi para eles tirarem a segurança da minha casa. A Eva me perguntou o que havia acontecido. "Simples: ele mudou de ideia."

Passou cerca de uma semana, tínhamos uma reunião juntos, e eu perguntei: "Presidente, e a minha saída?".

"Meirelles, nunca mais fale disso", ele me respondeu. E nunca mais falamos disso.

Confirmada a minha independência, fiz o que precisava ser feito. Em abril, aumentamos a Selic de 11,25% para 11,75%. Ainda em 2008, subimos para 13,75% para enfrentar o turbilhão da maior crise financeira mundial desde os anos 1930. Íamos enfrentar um tsunami.

CAPÍTULO 9

NO OLHO DO FURACÃO – A CRISE DO *SUBPRIME* (2008-2010)

No início de 2007, fui a Nova York para uma série de reuniões pelo Banco Central. No aeroporto John Fitzgerald Kennedy, peguei um carro de aluguel e, por coincidência, a motorista era brasileira. Ela se apresentou, começou a falar e, para seguir a conversa, perguntei como estavam as coisas.

Eloquente, ela me contou que havia comprado uma casa financiada, e como essa casa havia dobrado de preço no mercado, ela a havia usado como garantia para tomar um segundo empréstimo para comprar outra casa. Ela, então, tinha duas hipotecas. A primeira casa havia sido alugada e com o dinheiro ela pagava o empréstimo da segunda. "E os preços do mercado imobiliário continuam subindo! Agora, a minha meta é comprar uma terceira casa", ela me contou, otimista. Eu não disse nada para não a assustar, mas pensei comigo: *Não tem como isso dar certo.*

O que ela descreveu era um exemplo concreto do que no mercado financeiro se chama de bolha. As bolhas se formam quando há uma empolgação irracional, uma corrida por um ativo, e essa busca causa um aumento irreal no valor do bem. É uma corrida insensata, que acarreta preços artificiais, insustentáveis.

A primeira vez que isso aconteceu, segundo a literatura, foi no século XVII, com o mercado de tulipas na Holanda. O problema é que as bolhas têm um mau hábito: elas explodem. E, quando isso acontece, causam prejuízos enormes no mercado e muita gente perde dinheiro. A conversa com aquela brasileira foi minha primeira experiência com a crise do *subprime* de 2008, talvez a pior crise da história, com reflexos por mais de uma década na credibilidade do mercado de crédito.

Há algum tempo eu sabia da bolha no mercado imobiliário americano, mas foi naquela curta viagem que percebi que o desastre podia estar perto.

Esses empréstimos a que a motorista se referiu eram os chamados *subprimes*, concedidos para a compra de imóveis mais baratos por pessoas de baixa renda. Eram concedidos quase sem garantias, como se viu depois, porque havia muito dinheiro disponível no mercado. Afinal, desde o início dos anos 2000 o Fed mantinha uma política de juros baixos e muita liquidez – com dinheiro em abundância, os bancos emprestavam com maior liberalidade em busca de retorno financeiro.

O resultado no cotidiano era que o sujeito tomava o empréstimo, comprava uma casa; a casa dobrava de preço de uma forma totalmente artificial, já que as pessoas estavam comprando exatamente porque havia muito dinheiro disponível e era fácil obter um empréstimo. Então o sujeito tomava mais dinheiro emprestado, garantido pela casa hipotecada, comprava um segundo imóvel, alugava, e isso ia gerando uma espiral de contratos cujo lastro eram empréstimos garantidos por outros empréstimos. A partir de 2007, começou a ficar claro que o nível de endividamento era insustentável porque os bancos haviam emprestado bilhões de dólares a cidadãos que não tinham dinheiro para pagar.

Como aquela senhora brasileira, motorista em Nova York, milhões de pessoas estavam pedalando empréstimos. Quando o custo das hipotecas começou a subir e o valor das casas, a cair, elas não conseguiram mais pagar os financiamentos com o que recebiam dos aluguéis. Quando pararam de pagar os financiamentos, os bancos cortaram o crédito. Então mais gente deixou de pagar, porque estava usando um empréstimo para pagar outro. Era um efeito dominó.

A inadimplência quebrou os bancos por falhas de regulação, havia um enorme problema subterrâneo. Só mais tarde descobri o que tinha permitido a formação dessa bolha e a quebradeira posterior. Quando eu ainda era presidente do Boston, no final da década de 1990, criamos uma companhia imobiliária, uma sociedade de investimentos que atuava da seguinte maneira: emitia títulos para comprar imóveis, comprava os imóveis e vendia esses títulos no mercado.

O risco de crédito era de quem comprava o título. O benefício é que, com isso, era possível alavancar o mercado imobiliário, pois transferia-se o risco diretamente ao mercado, sem pesar no balanço do banco. É como no lançamento de uma debênture: a empresa emite o título de crédito e o vende no mercado; o risco é do comprador, não de um banco, como fica registrado no contrato.

Anos mais tarde, os bancos que criaram essas subsidiárias imobiliárias, chamadas de Veículos Especiais de Investimentos (sivs), para aumentar o volume e aproveitar o otimismo no mercado imobiliário (repito: era um tempo de juros baixos e muita liquidez), passaram a dar fiança a esses créditos – portanto, assumindo os riscos. Para piorar, as fianças não precisavam constar no balanço dos bancos, pois, de acordo com a legislação então em vigor, não havia obrigação de fazer isso. Como elas não constavam do balanço, não havia controle.

Em busca de maiores ganhos, os bancos passaram a se alavancar no mercado imobiliário em ascensão, a aumentar seu nível de endividamento por meio desse mecanismo. O Fed, os bancos centrais de outros países ou entidades reguladoras americanas não sabiam disso, porque, quando olhavam os balanços, nada daquilo aparecia (repito: isso não era obrigatório). O nível de endividamento que aparecia no balanço estava de acordo com as normas. Eu ouso dizer que nem o conselho desses bancos tinha completa noção da dimensão do problema.

Mas com a queda do mercado e a inadimplência que se seguiu, aquelas companhias de crédito, as sivs, passaram a ter problemas de crédito. Só que elas eram garantidas pelos bancos. Repentinamente, os bancos passaram a ter prejuízos enormes, que vieram de uma espécie de fundo falso, que assustou a todos porque não havia nada em seus balanços que indicasse aquilo. O pânico se instalou no mercado, pois ninguém sabia a situação um do outro. É uma rotina dos bancos fazer operações entre si; em consequência, o mercado travou.

Ocorreu um clássico estouro de bolha: o mercado imobiliário travou, o mercado de crédito parou porque ninguém confiava em ninguém, bancos começaram a quebrar e o mercado financeiro entrou em colapso. Em março de 2008, o Bear Sterns foi comprado pelo JP Morgan, mediante garantias do Fed. Em setembro, o Fed teve de resgatar as grandes financeiras Fannie Mae e Freddie Mac, que estavam insolventes devido a esses empréstimos *subprime*. Mas a coisa ficou dramática em 15 de setembro, quando o Lehman Brothers quebrou.

O Tesouro americano e o Fed perceberam ali que não era possível deixar o Lehman Brothers quebrar, pois era um banco muito grande. Em 2022, Ben Bernanke, então presidente do Fed, ganhou um prêmio Nobel de Economia por seu trabalho acadêmico da década de 1980, no qual se baseou a ação do governo em 2008. A teoria de Bernanke e dois colegas era que salvar um banco é mais barato e menos traumático para a economia do que deixá-lo quebrar. Quando o banco quebra, os depositantes perdem. Os efeitos negativos da quebra custam mais em longo prazo do que o dinheiro gasto.

Por isso, meses antes das eleições americanas de 2008, o governo de George W. Bush teve de gastar cerca de 800 bilhões de dólares em dinheiro público para salvar algumas grandes empresas e o sistema financeiro do país – e, consequentemente, o mundial – sob o chicote do Congresso. O Partido Republicano de Bush era visceralmente contrário ao gasto de dinheiro público para resgate do sistema financeiro. Foi um duro trabalho técnico do Fed e do Tesouro americano entender a complexidade da crise e convencer os congressistas de que o momento era grave – algo que poderia quebrar a economia americana e mundial. O governo Bush foi extremamente criticado, e o candidato do seu partido à presidência, John McCain, foi prejudicado na disputa contra o democrata Barack Obama.

O Brasil não tinha bolha imobiliária, empréstimos *subprime*, nada disso, mas não estava imune. A crise atingiu o país na forma de um colapso das linhas de crédito externo, que levou a um enxugamento de crédito doméstico. Em setembro, os bancos americanos e europeus cortaram todas as linhas de crédito para fora de seus países. De uma hora para outra, as empresas brasileiras perderam acesso a uma oferta de crédito internacional que representava 20% do total das linhas do Brasil. Bancos e empresas brasileiras não tinham como tomar empréstimos no exterior nem renovar títulos que haviam emitido. Isso gerou uma crise de liquidez, e o mercado brasileiro também entrou em colapso.

A Petrobras, por exemplo, se preparava para lançar a renovação de um bônus no mercado externo. Como o mercado fechou, a Petrobras foi obrigada a tomar o equivalente a 1 bilhão de reais de empréstimo na Caixa Econômica Federal para poder honrar o pagamento do bônus em dólares. Isso gerou uma crise séria de crédito e de câmbio, pois a Petrobras teve de tomar dinheiro em reais, comprar dólares no mercado e depois pagar o título.

A atitude da Petrobras de pegar crédito em reais para quitar o mais rápido possível as dívidas em dólar foi logo copiada por outras grandes companhias. Os bancos passaram a dar prioridade às grandes companhias, enquanto as pequenas e médias começaram a ter problemas graves. Era como um funil, em que só poucas empresas conseguiam acesso a crédito.

Os bancos privados começaram a restringir empréstimos, pois seus depositantes começaram a tirar dinheiro e dar preferência para a Caixa e o Banco do Brasil – que, obviamente, não tinham condições de atender a todos. Houve também uma corrida por dólares para honrar compromissos, o que fez a cotação subir. Entre 1º de setembro de 2008 e o dia 29, o real se desvalorizou 18%. A situação era grave, mas sempre podia ficar pior se não houvesse uma intervenção.

Era preciso ter calma sob pressão. Foi para enfrentar esse momento que havíamos acumulado 205 bilhões de dólares de reservas internacionais. Dessa vez iríamos enfrentar uma crise internacional com munição. Chamei uma entrevista coletiva e disse o seguinte: "O Banco Central vai conceder linha de crédito para todos os bancos repassarem às empresas brasileiras. No que diz respeito a empréstimos ao Brasil, estamos preparados para substituir durante um ano todo o sistema internacional".

Ao mesmo tempo, liberamos parte do compulsório dos bancos, desde que fosse investido no financiamento para médias e pequenas empresas e bancos. Aqui vale uma explicação: ao contrário do que acontecia nas economias desenvolvidas, nas quais as reservas de liquidez dos bancos estavam aplicadas essencialmente em títulos do setor privado, a liquidez do sistema financeiro brasileiro encontrava-se principalmente no Banco Central, sob a forma de depósitos compulsórios. Portanto, competia ao BC utilizar essa liquidez nos momentos de necessidade, como era o caso em outubro de 2008.

Com as grandes empresas tomando todo o dinheiro disponível, liberamos os compulsórios com uma condição: os bancos poderiam sacar os compulsórios desde que direcionassem parte desse valor a bancos pequenos e médios. Caso contrário, deveriam mantê-los no Banco Central sem nenhum tipo de remuneração. Essas medidas provocaram um direcionamento de liquidez dos grandes bancos para os pequenos e médios, permitindo a retomada da economia e do crédito naquele momento.

No meio do caos, o ministro Guido Mantega veio falar comigo, preocupado com o leilão das reservas internacionais que íamos usar para substituir os empréstimos dos bancos estrangeiros. Ele não queria que o Banco Central fizesse o leilão, mas que as linhas de crédito que estavam sendo disponibilizadas com recursos das reservas internacionais fossem canalizadas apenas pelo Banco do Brasil. Eu disse "não". Minha opinião era que todos os bancos deviam participar, inclusive o Banco do Brasil, porque era preciso atingir o maior número de empresas o mais rápido possível. Eu não podia ter um governo, ou um ministro, escolhendo que empresa ia ou não receber. Isso gerou uma grande controvérsia no governo.

Mantega afirmou peremptoriamente que o presidente Lula havia dado uma ordem para que o Banco do Brasil tivesse a exclusividade da operação. Usar o nome do presidente para passar por cima de mim não me impressionava. "Se ele deu essa ordem, ele está mal assessorado. Portanto, não vou seguir", respondi.

Liguei para o então chefe de gabinete da presidência, Gilberto Carvalho. Era um sábado de manhã, e ele estava num sítio nos arredores de Brasília. Contei qual era o problema e pedi que ele conversasse com Lula.

Decidimos então marcar uma reunião para resolver o impasse. A reunião foi marcada para o dia seguinte, na base aérea de Cumbica, em Guarulhos, entre o presidente, Mantega e eu. Ficamos numa sala, sentados em poltronas.

Mantega colocou suas posições sobre a exclusividade do Banco do Brasil. "Isso é um erro", retruquei. "Ter um único banco para gerir todos os empréstimos vai tornar o processo mais lento, quando precisamos de velocidade, e menos transparente, quando precisamos de credibilidade. Pode gerar rumores de favorecimento, e não é disso que nós precisamos agora – nem o Brasil, nem o governo."

Depois de algum tempo de debate, o presidente Lula, que ouvia a nossa discussão, disse: "Vocês dois resolvem isso".

Eu aproveitei e me levantei também. "Então está resolvido, presidente. Bom final de semana. Bom domingo, ministro. Amanhã, às 9h, tem o leilão." Mantega ficou sem reação. O primeiro leilão foi feito e ganharam dezessete bancos.

Fizemos o que deveríamos ter feito, mas observamos um efeito econômico inesperado: a cotação do dólar futuro começou a subir muito – e, apesar do empréstimo das reservas, o dólar continuou se valorizando. Chegou a R$ 2,50 – um absurdo, já que a cotação média variava entre R$ 2,07 e R$ 2,20. Aquilo não fazia sentido.

Fui apurar e soube que se tratava de um problema no mercado futuro: empresas tinham vendido dólar a descoberto – *short*, como se diz no jargão –, apostando que o dólar ia continuar caindo. Elas haviam vendido dólares a taxas como R$ 1,60, numa aposta de que meses depois a moeda norte-americana estaria abaixo desse valor. Não contaram com a crise do Lehman Brothers e com o enxugamento do crédito.

Para piorar, essas empresas haviam aceitado alavancagem, ou seja, seus contratos previam uma taxa extra caso o dólar ultrapassasse R$ 1,80. Veio a crise, o dólar subiu e elas tinham de pagar; com isso, ficaram insolventes. Essas operações ficaram conhecidas como "derivativos tóxicos".

O mistério da busca por dólares no mercado futuro estava diagnosticado, mas eu precisava saber o tamanho do problema. Como nenhuma empresa contava sua real situação, até por medo de sofrer um processo de venda de ações, decidi ir à origem. Somente os bancos internacionais, que intermediaram essas operações, poderiam ter uma noção dos valores envolvidos. Se aquele fosse um problema de 10 bilhões de dólares, a solução era simples, mas sem saber a dimensão das dívidas eu poderia gastar cartuchos à toa.

Graças à minha carreira no sistema financeiro, eu conhecia muita gente e sabia como funcionavam essas operações. Mas quando eu os procurei, eles foram protocolares: "O senhor vai me desculpar, mas temos que seguir a linha de sigilo bancário na matriz". Consegui, no entanto, mais um pedaço de informação: a subsidiária da empresa brasileira no exterior fechava o contrato de dólar futuro vendendo a uma determinada taxa para um fundo em Londres, que então o repassava para um fundo em Nova York, que acabava vindo fechar a operação na então Bolsa de Mercadorias & Futuros (BM&F). Depois me reuni com bancos brasileiros para entender o outro lado. Em alguns casos, a empresa havia vendido o dólar futuro na subsidiária de Varsóvia, que tinha fechado com um *hedgefund* de Londres, que fechou em Nova York, que fechou aqui na BM&F. Não dava para mapear tudo isso.

Fui então a Nova York, conversei com o então presidente do Fed de Nova York, meu amigo Tim Geithner, que posteriormente foi secretário do Tesouro do governo Obama e teve de enfrentar os efeitos da crise financeira na economia real. "Vou tentar te ajudar", disse. Ele ligou na minha frente para um CEO de um grande banco americano, que eu sabia que tinha posição, e falou: "Vou te pedir um favor: informe a posição que você tem no Brasil desses derivativos". Depois eu fui a Frankfurt e fiz a mesma coisa no Bundesbank e consegui conversar com os presidentes dos bancos europeus.

Quando voltei, eu tinha noção do tamanho do rombo: as empresas brasileiras estavam descobertas em 40 bilhões de dólares. Tinham vendido dólares que não possuíam – e, muitas vezes, sem o conhecimento do conselho da empresa, porque eram posições especulativas fortíssimas –, apostando que o dólar continuaria caindo, como vinha acontecendo antes da crise, quando muita gente dizia "o dólar só vai cair". Mas a crise mudou tudo e pegou o pessoal desprevenido. O buraco poderia tragar dezenas de empresas e puxar a economia junto.

Só que, além de saber o tamanho do problema e das reservas do Banco Central, eu tinha outra informação: o BC estava comprado em 22 bilhões de dólares. Da mesma maneira que se pode vender dólar no mercado futuro, você pode comprar – e o Banco Central estava comprado, com 22 bilhões de dólares a receber, além dos 206 bilhões de dólares em moeda física das reservas. Então na realidade, somando os dois, estamos falando de 228 bilhões de dólares.

Nessa viagem, eu tive uma reunião em Nova York, organizada pelo Fed, com grandes fundos e bancos. Eu queria só ouvir, saber o que estava acontecendo. Eles disseram que todos estavam vendidos em dólar, com clientes vendidos, e estava todo mundo querendo sair correndo do Brasil. O dólar já estava caro por causa desse pânico. E aí começou todo mundo com aquela discussão: "Não vai ter porta de saída, não vai caber todo mundo". Aí, um deles virou e disse: "Nós estamos aqui preocupados que não há porta de saída para todos, não vai dar para todo mundo sair porque o Brasil está com deficiência de dólar, principalmente no mercado futuro, as empresas... E o senhor está aqui tranquilo". Eu disse: "Vocês estão vendidos em dólar, eu estou comprado. Então, estou tranquilo".

Na volta ao Brasil, eu avisei no domingo à noite a assessoria de imprensa e chamei uma coletiva na sede do BC, na avenida Paulista, às 8h da segunda-feira. Aos jornalistas, anunciei que o BC iria entrar vendendo dólar no mercado futuro. Um repórter perguntou: "Mas quanto?". "Quanto for necessário", respondi. "Não tem limite?" Respondi: "Tem: 50 bilhões de dólares. Isso para hoje".

Como eu havia oferecido mais dinheiro do que eu sabia ser necessário para resolver o impasse, o dólar derreteu na cotação contra o real. No final das contas, vendemos 33 bilhões de dólares. Como o Banco Central estava comprado em 22 bilhões, a injeção líquida foi de 11 bilhões de dólares. E o Brasil saiu da crise, com uma recessão de sessenta dias, a mais curta do mundo naquele momento. Quem apostou contra o Brasil, perdeu.

*

No começo de 2009, quando fui à reunião de janeiro do BIS, o Bank of International Settlements (Banco de Compensações Internacionais, conhecido como o Banco Central dos Bancos Centrais, ou Banco da Basileia, na Suíça, com 34 presidentes de bancos centrais), o Brasil já tinha saído da crise. Terminada a reunião, haveria um jantar na segunda-feira à noite. O presidente do BC de Israel à época, meu amigo Stanley Fischer, me segurou na porta da entrada da sala de jantar e disse: "Espera um pouquinho, vamos aguardar". Todos entravam.

Quando estavam todos sentados, nós entramos e todos os presidentes dos BCs se levantaram e me aplaudiram de pé pelas ações do Banco Central do Brasil durante a crise de 2008. Revistas internacionais me elegeram o melhor banqueiro central do mundo. Foi um momento vitorioso para o Brasil.

Em uma ação acessória, os bancos públicos – a Caixa e o Banco do Brasil – facilitaram créditos e injetaram dinheiro na economia. Vários bancos privados, quando tiveram recursos, fizeram o mesmo.

O corte de 20% de crédito para o Brasil levou à fuga de depósitos e a uma crise de crédito das empresas. Os remédios efetivos foram empréstimo das reservas, substituindo todo o sistema financeiro internacional no que diz respeito ao Brasil. A questão era resolver a solvência. Foram duas coisas:

primeiro, crédito para as empresas, inclusive as pequenas, não só as grandes; nós direcionamos os créditos em dólar, que é o que estava faltando. Ao mesmo tempo, instituímos um processo em que os depósitos compulsórios nos bancos deixavam de ser remunerados, mas os bancos poderiam repassar esse dinheiro para bancos menores, que iam emprestar para as empresas menores. Nesse caso, eles poderiam cobrar taxa de mercado. Isso incentivou uma irrigação de liquidez. E, finalmente, a ação no mercado de futuros. Todo esse conjunto de coisas foi aplaudido na Basileia.

CAPÍTULO 10

O FUTURO É DIGITAL
(2011-2016)

Dois dias depois de deixar o Banco Central, recebi uma ligação do Goldman Sachs. Queriam saber se eu poderia fazer uma visita a Nova York para conversar com o comando do banco, os *chairmen* Gary Cohn e Lloyd Blankfein. Eles me convidaram para assumir as funções de presidente do Goldman Sachs do Brasil e ser *chairman* do Conselho Consultivo do Goldman Sachs internacional. Era uma proposta interessante, mas havia um problema: eles tinham urgência e eu tinha de cumprir a quarentena pela saída do BC até 30 de abril. Depois, eu iniciei a negociação para ser o presidente do Conselho da Autoridade Olímpica dos Jogos do Rio, atendendo a uma insistência do presidente Lula. Perguntei à Advocacia Geral da União se poderia acumular a função com outra na iniciativa privada, mas a resposta demorou. No fim, avisei que não poderia aceitar, e o Goldman nomeou outro brasileiro, o economista Paulo Leme.

A resposta da AGU foi de que não havia conflito, e eu estava sendo insistentemente procurado por duas empresas americanas. Uma delas, concorrente direta do Goldman Sachs, era o Lazard, focado em aconselhamento e direcionamento de empresas. A outra empresa era a Kohlberg Kravis Roberts (KKR), a maior empresa de *private equity* do mundo. Acabei fechando um contrato de consultoria com ambos. No caso da KKR, com o título de consultor sênior; no Lazard, eles criaram o Lazard Americas, do qual passei a ser o *chairman*. Paralelamente, fui convidado para ser membro do Council, o órgão superior ao Conselho de Administração, da Lloyd's of London, a maior bolsa de seguros do mundo.

O Council da Lloyd's tem a função não só de último órgão decisório, mas também de órgão regulador do mercado de seguros na Inglaterra. Também aceitei um convite para compor o Conselho de Administração da Azul Transportes Aéreos. Por fim, aceitei também ser do conselho de uma companhia suíça de administração de fortunas chamada Bedrock, sediada em Genebra.

Paralelamente a esses projetos de consultoria, eu pensava em criar um banco digital. Dez anos antes, no Boston, eu havia instituído um dos dois primeiros serviços pelo qual o cliente poderia consultar a sua conta pela internet. Nesse ínterim, o digital havia mudado o mundo. O sistema bancário havia incorporado o internet banking, mas muitos serviços ainda demandavam que o cliente fosse a uma agência. Eu queria mudar isso.

Seria um banco sem agência, oferecendo todos os serviços, e que pudesse ser operado no celular. Tive à época conversas com um empresário americano, Clifford Sobel, ex-embaixador dos Estados Unidos em Brasília. Tínhamos um investidor interessado, quando, por volta de janeiro de 2012, fui procurado por um amigo, antigo presidente do Banco do Brasil e do Banco Itamaraty, Antônio Hermann. Os amigos até hoje o chamam de Tonico.

Tonico me contou que prestava consultoria à família Batista, controladores do gigante do setor de alimentos JBS. Participei de uma reunião com o fundador, José Mendonça Batista, conhecido como Zé Mineiro, e seus filhos Wesley e Joesley Batista. Foi a primeira vez que os vi.

Eles haviam adquirido um banco em Porto Alegre chamado Matone, e tinham outro banco, o JBS, que emprestava e tomava recursos de pecuaristas como um complemento às atividades da empresa. Eles tinham dois bancos, mas nenhuma ideia do que fazer a não ser a certeza de que o mercado financeiro era um setor tão ou mais lucrativo do que o de proteína animal.

Contei sobre as minhas ideias de constituir um banco digital e chegamos ao acordo de que, em vez de fazer um banco do zero, assumindo o risco e sendo financiado por um investidor americano, eu seria o consultor da construção de um banco digital por um grande grupo nacional que já tivesse recursos para isso. Os Batista bancariam o risco e eu teria uma remuneração como consultor.

Era um contrato interessante e complementava minhas consultorias ao Lazard e à KKR. Assim, assinei um contrato de consultoria com a J&F Investimentos, *holding* da família. Sugeri com o nome de Original para o novo banco, e eles concordaram. Para financiar o Banco Original, a J&F pensava em emitir títulos. Eu apresentei o projeto a investidores nos Estados Unidos. Um amigo meu, Alan MacMurray, então vice-presidente do Citibank, ouviu o projeto e me disse que era a primeira vez em que tomava conhecimento de um banco completamente digital.

Como os Batista tinham as licenças bancárias, tínhamos um ganho de tempo. O que demorou bastante foi desenvolver o software para o banco abrir para o varejo em 2015. Em valores da época, o investimento foi de 1 bilhão de reais. Foram dois desafios: de um lado, criar o produto com uma tecnologia eficiente; do outro, convencer o cliente de que ele poderia ter uma conta bancária e movimentar seu dinheiro no aplicativo sem nunca conhecer o gerente ou visitar uma agência. Para a campanha publicitária, escolhemos o atleta jamaicano Usain Bolt, recordista mundial dos cem metros rasos, identificado com a velocidade que pretendíamos imprimir no mercado.

*

Paralelamente, o Lazard me pediu para ir ao Cairo conversar sobre um projeto de consultoria para o novo governo do Egito, do general Al-Sisi.

A sala de reuniões tinha uma mesa em formato de u. De um lado estavam os consultores estrangeiros – eu, os franceses do Lazard e a Coopers & Lybrand; do outro, autoridades do Egito. À cabeceira estavam o ministro da Fazenda egípcio e o presidente do Banco Central do Egito; entre eles, um xeique com traje típico (evidentemente, não era egípcio) presidindo a reunião. Eles explicaram que o governo anterior era bancado pelo Qatar e o regime da ocasião era bancado pelos Emirados Árabes Unidos.

O Egito de então tinha um déficit monumental, coisa de 20% do PIB. Cerca de 15% do PIB eram consumidos em uma despesa para subsidiar gasolina para a população, a base da popularidade do governo. Esse subsídio, no entanto, tinha consequências além de incentivar o consumo de gasolina. Em vez de usar ônibus, era mais conveniente para os egípcios comprar um carro velho, em geral veículos que, na Europa, iriam para o ferro-velho, mas eram reciclados por empresas na Itália e revendidos para o Egito.

A minha sugestão foi simples. "Vocês podem reduzir o subsídio e colocar a gasolina num preço mais razoável, distribuindo o dinheiro para a população." Seria um super Bolsa Família, não só para os pobres, mas para todos os egípcios. Isso lubrificaria a economia inteira.

Eles analisaram a ideia, mas recusaram. "Isso vai levar a uma revolta popular", disseram. "Mas vocês vão distribuir o dinheiro para todo mundo!", argumentei. "Mas todo mundo quer subsídio, a vida do cidadão comum está organizada em torno da gasolina barata."

Fui fazer uma visita ao Banco Central egípcio. Ficava num prédio que ocupava um quarteirão inteiro, e na calçada ao redor havia um muro de concreto com dois metros e meio de altura. Só havia um portão, para pedestres. Nenhum carro entrava. No meio do portão havia um tanque de guerra.

Em seguida, o Lazard me perguntou se eu tinha interesse em participar de outras duas consultorias, uma para a Arábia Saudita e outra para a Venezuela. Resolvi diversificar um pouco a minha experiência de consultor e escolhi a Venezuela.

Cheguei a Caracas e fui falar com o vice-presidente, Diosdado Cabello, e o ministro da Fazenda na ocasião, Marco Torre. Na conversa, Cabello me disse: "O grande problema da Venezuela é que os empresários não gostam de produzir".

"Mas vocês tabelam os preços", retruquei.

"Sim, tabelamos."

"O que aconteceria se vocês tabelassem os preços um pouco acima do custo?"

"Aí é claro que os empresários iam querer produzir!"

"E por que vocês não fazem isso?"

"Porque os produtos seriam muito caros."

"Pois é, por que um empresário vai produzir tomando prejuízo? Ele paga mais para produzir um produto e vende por menos, toma prejuízo."

"Por patriotismo."

Eu entendi que o negócio não ia dar certo.

Naquela época, a Venezuela tinha uma inflação de 60% ao ano – e subindo. A taxa de juros era de 12% ao ano. Eu conversei com o presidente do Banco Central.

"Você não vai conseguir controlar a inflação com a taxa de juros real negativa. Por que que você não sobe os juros para um valor acima da inflação?"

"Não, seria muito caro."

Comecei a conhecer as peculiaridades da situação da Venezuela. E comecei a achar que os problemas do Oriente Médio eram bem menores que os da Venezuela.

*

Em novembro de 2015, envolvido no lançamento do Banco Original, recebi um telefonema de Brasília. Não reconheci o número, mas atendi.

"Meirelles, aqui é o Jaques. Gostaria de falar com você." Eu reconheci o tom de voz: era Jaques Wagner, à época ministro-chefe da Casa Civil do governo Dilma.

Adivinhei o assunto. O então ministro da Fazenda, Joaquim Levy, estava na corda bamba, muito pelo fogo amigo do próprio governo petista, resistente às suas medidas para conter o déficit fiscal.

Wagner chegou à minha casa, em São Paulo, por volta das 11h do dia seguinte. Tivemos uma reunião de quatro horas.

Wagner me disse que estava lá em nome da presidente Dilma Rousseff para me convidar para ser ministro da Fazenda.

"Jaques, não vai funcionar. Eu e Dilma pensamos completamente diferente: eu acho que nós precisamos colocar um limite de gastos, ela acha que precisa gastar mais; eu acho que precisa fazer reforma da Previdência, ela discorda", eu disse.

"A essa altura, ela concorda com tudo o que você propuser", respondeu Wagner.

Ele fez uma ligação e botou Dilma no viva-voz. Ela estava numa reunião do G20 em Anatólia, Turquia. Conversamos francamente e ficamos de falar novamente quando ela retornasse ao país.

Em 2015, o Brasil pagava o preço alto do primeiro mandato de Dilma. Os preços dos combustíveis e da energia haviam sido represados artificialmente, o BNDES havia se tornado uma fonte de empréstimos com juros subsidiados e uma política de desoneração desmedida da folha de pagamentos abriu um rombo de mais de R$ 100 bilhões nas contas públicas.

Tão graves quanto essas medidas populistas foram as consequências à credibilidade do país. As manobras na Secretaria do Tesouro reduziram a credibilidade das contas públicas a pó, no que depois viria ser batizado de "pedaladas fiscais", motivo para o processo de impeachment.

O resultado é que o Brasil estava sob uma recessão fortíssima. De junho de 2015 a maio de 2016, o PIB caiu 5,3%, uma das maiores quedas da história. Não havia solução simples para tirar o país do fundo do poço.

Semanas depois da conversa com Dilma, Lula me telefonou reclamando por eu ter recusado o convite. Eu contei que havia sido sondado, mas que o convite nunca fora efetivado. Lula encerrou a ligação irritado.

Horas depois, Wagner me telefonou para marcar uma reunião em Brasília. Entre a primeira e a segunda vez que Wagner me ligou, a situação política do governo havia se deteriorado. O então presidente da Câmara dos Deputados, Eduardo Cunha, havia autorizado o início do processo de impeachment da presidente.

A demora no retorno de Wagner havia me convencido de que meu nome estava sendo imposto por Lula goela abaixo. Eu sofreria as mesmas resistências internas que Joaquim Levy enfrentou nos onze meses que permaneceu no governo, uma voz quase isolada a dizer que a saída da crise implicava medidas duras e impopulares.

Fui franco com Wagner. "Para aprovar as reformas e as medidas que eu acho que precisam ser aprovadas, será necessário um choque de credibilidade. Só que nesse momento o governo está enfrentando o início de uma discussão sobre um impeachment na Câmara. Não tem como o governo se organizar para as votações de reformas necessárias e ao mesmo tempo enfrentar um impeachment", argumentei.

Wagner foi enfático em afirmar que o governo derrotaria o processo de impeachment, mas agora quem estava inseguro sobre o convite era eu. Seguimos conversando, e terminei com a condição: "Vocês derrotam o impeachment e chegamos num acordo".

A conversa terminou, e Lula me ligou de novo.

"Meirelles, eu ouvi uma coisa esquisita aqui. Que ela [Dilma] te convidou e você recusou."

"Sim, presidente. Não vai dar certo. Temos pensamentos opostos."

Dilma nomeou Nelson Barbosa ministro da Fazenda. Ele não teve oportunidade de apresentar nenhuma proposta ao

Congresso. Toda a agenda econômica foi dragada pelo turbilhão da política. O processo de impeachment dominou toda a pauta política.

CAPÍTULO 11

CONSTRUINDO O TETO (MINISTRO DA FAZENDA, 2016-2018)

Semanas antes da votação do processo de impeachment da presidente Dilma Rousseff, em maio de 2016, o vice-presidente Michel Temer me procurou. "Achamos que o impeachment vai passar e, se passar, eu gostaria de te convidar para ser ministro da Fazenda."

Na véspera da votação do impeachment, Temer me chamou para ir até o palácio do Jaburu, onde morava como vice-presidente, e me convidou oficialmente. Eu o avisei de algumas coisas duras que precisavam ser feitas, entre as quais o que viria a ser o teto de gastos, e outras reformas fundamentais. Ele concordou.

Aceitar ser ministro da Fazenda em 2016 foi uma decisão mais simples do que a de aceitar ser presidente do Banco Central em 2002. Em ambos os casos, a situação do Brasil era muito ruim, mas o problema do Brasil em 2002 era a falta de moeda forte, o país estava insolvente na dívida externa; em 2016, o problema era fiscal. As reservas internacionais garantiam a solidez externa.

Em setembro de 2015, em uma coluna que mantinha na *Folha de S.Paulo*, eu havia argumentado que o Brasil precisava de um teto de gastos – um limitador do crescimento das despesas públicas que indicasse que nem se quisesse o governo poderia gastar mais do que estava previsto. Era necessário que esse teto estivesse na Constituição, dificultando a sua mudança por uma questão conjuntural. Depois de anos de leniência com os gastos públicos, era preciso ser duro.

Nesse artigo, publicado ainda no governo Dilma e antes das sondagens para assumir a economia, eu escrevi:

> Para uma solução sustentável e de longo prazo, é preciso tomar medidas horizontais, estruturais e permanentes.
>
> Dada a percepção geral de que a elevação nos gastos públicos foi longe demais, alternativa exequível seria fixar em lei limite para o total de despesas públicas primárias como percentual do PIB, deixando à sociedade a discussão, sempre dinâmica, sobre a distribuição de custos e benefícios.
>
> Esse limite seria proporcional à produção de riqueza, variando com o PIB. Se partirmos da situação atual – arrecadação bruta perto de 37% do PIB –, um teto de gastos de 34% do PIB, aplicado de forma gradual, com regras de transição claras e plausíveis, asseguraria saldo primário suficiente para estabilizar a dívida pública sem aumento de impostos, reduzindo os riscos e a taxa de juros e aliviando as contas públicas.
>
> O enquadramento das despesas primárias nesse limite requereria a implementação de ajustes estruturais que adequassem a trajetória dos gastos ao longo do tempo. Em resumo, uma solução sustentável à crise fiscal reside na fixação de limite legal às despesas públicas.

Eu tinha, portanto, um rumo muito claro de para onde queria levar o país.

Quando cheguei ao Ministério, no dia 12 de maio, não havia ninguém – não houve a habitual transmissão de cargo. O antigo ministro, Nelson Barbosa, tinha ido embora sem deixar nenhuma informação sobre as finanças do país. Assessores diretos do antigo ministro também abandonaram seus cargos e até algumas secretárias haviam ido embora. Assumi como ministro em um prédio semiabandonado.

Dias depois, alguns servidores de carreira retornaram justificando que não queriam ficar mal com a turma que estava deixando o governo. Entendo que para quem tinha cargo político o processo de impeachment tenha sido difícil, mas técnicos não ajudarem na transição passava dos limites do aceitável, e chegamos a um acordo.

Nosso problema era fiscal. Os gastos públicos haviam crescido de cerca de 10% do PIB em 1991 para cerca de 20% em 2016. Portanto, nesse período, dobrou o percentual do PIB consumido pela União. Evidentemente que a expansão real foi muito maior do que isso, porque o PIB não ficou estagnado, cresceu também.

Essa tendência começou no governo Fernando Collor. O governo Itamar também os expandiu. O governo Fernando Henrique concentrou-se no Plano Real, no controle da inflação. Em 1995, o governo FHC tentou algumas medidas de controle de gastos públicos, negociando com o Congresso sem, no entanto, conseguir a aprovação de todos projetos necessários. Ele controlou a inflação com a ancoragem cambial até 1999, quando começou o regime de metas de inflação e câmbio flutuante. A meta de superávit proposta era de 3,75% do PIB.

Durante todo o período democrático, o único governo no qual houve de fato controle fiscal foi no primeiro governo Lula, quando Palocci era o ministro da Fazenda. Posteriormente,

Guido Mantega começou a expandir as despesas, o que depois se acelerou muito no governo Dilma.

Esse crescimento de gastos, somados ao descrédito das contas públicas em função das pedaladas fiscais, levou o mercado a questionar a sustentabilidade da dívida pública: até que ponto seria possível o país honrar a dívida crescendo naquela velocidade?

Para se ter uma ideia, para 2016 o governo anunciou uma meta de déficit primário de R$ 96,7 bilhões. Quando assumi, encontrei indícios de que esse número era irreal. Eles não estavam contabilizando no orçamento despesas que já estavam atrasadas, como o aluguel de embaixadas, os compromissos do país com organismos internacionais e até despesas obrigatórias de saúde. A primeira coisa que fiz foi fazer uma pesquisa para chegar a um valor confiável. Concluímos que o déficit verdadeiro para o ano seria de R$ 170,5 bilhões – 76% acima do previsto pelo governo anterior.

Esse déficit foi resultado de anos de aumento de gastos com a Previdência Social, custeio de servidores públicos, diminuição de receitas através de subsídios para determinados setores industriais e garantias assumidas pelo Tesouro para empréstimos de estados que não tinham condições de pagar.

Tudo isso num cenário da pior recessão da história. Quando assumi o ministério, em 13 de maio de 2016, a queda do PIB nos doze meses anteriores havia sido de 5,21%, a maior retração na história recente da humanidade para um país que não estava em guerra.

A presidente Dilma Rousseff assimilou uma vertente da economia que pode ser resumida na frase: "despesa pública é vida". Por essa linha de pensamento, ao gastar mais, o governo ativa a economia, emprega gente, o que causaria crescimento e receitas que vão pagar a dívida gerada no início. É daquelas ideias que cabem num famoso aforismo do jornalista americano H. L. Mencken: "Para todo problema complexo existe sempre uma solução simples, elegante e completamente errada".

A reação do mercado ao tomar conhecimento do déficit verdadeiro de 2016 foi trabalhar com a precificação de calote da dívida pública, o que poderia gerar uma profecia autorrealizável. Se muitos detentores de títulos públicos acreditam que um governo está quebrado, o efeito manada gera uma corrida especulativa que desvaloriza tanto os papéis que, ao final, o governo realmente quebra. Eu vi isso acontecer na Argentina.

Era preciso ter calma sob pressão.

Anunciei as medidas para brecar a expansão dos gastos públicos, e o teto de gastos para forçar reformas estruturais, de modo a abrir espaço nos orçamentos futuros, além de emitir um sinal de responsabilidade capaz de inspirar a confiança do mercado e atrair investimentos. Mais importante: para não deixar dúvida quanto ao compromisso com a responsabilidade fiscal, iríamos colocar essa trava nos gastos públicos na Constituição, com punições automáticas quando os limites fossem rompidos.

Eu tinha ao meu lado uma equipe que a imprensa apelidou de *dream team*: Eduardo Guardia era o meu número dois, com o cargo de secretário executivo, Ana Paula Vescovi estava na chefia da Secretaria do Tesouro, além dos secretários Mansueto Almeida, Fabio Kanczuk e Marcelo Caetano, que ficou responsável pelo projeto de reforma da Previdência. Para o Banco Central, indiquei ao presidente outro excelente economista, Ilan Godfajn.

Nossa primeira discussão foi sobre qual seria o critério para corrigir os limites do teto. Optamos pelo critério mais duro: a correção pela inflação do ano anterior para corrigir o valor máximo do gasto para o ano seguinte. Ponto-final. Isso significaria ao longo do tempo uma queda da despesa como percentual do PIB, na medida em que o PIB crescia mais do que a correção monetária.

Evidentemente, era uma medida dura e, portanto, insustentável – portanto, fixamos um limite de tempo para o teto. Mesmo aqueles que participavam das discussões diziam que o teto não conseguiria chegar em 2018. Bom, chegou até 2021, quando surgiram as medidas políticas eleitoreiras do governo Bolsonaro.

Até hoje ouço críticas ao teto de gastos, mas acredito que algumas esquecem o contexto em que ele foi criado. Naquele momento de falta de credibilidade do poder público, a única opção era uma lei muito rígida, porque a leniência anterior havia destruído a credibilidade fiscal do país.

Houve um ceticismo geral quando propusemos o teto. Mesmo agentes econômicos que apoiavam nosso trabalho consideravam impossível o Congresso aprovar medidas tão rígidas. "Por que o parlamentar vai limitar a sua própria capacidade de expandir a despesa que pode ajudá-lo na eleição?", diziam. Ouvi o mesmo argumento, com variações, dos próprios congressistas, mas eu tinha ao meu lado o medo do abismo.

A recessão estava castigando tanto a população mais pobre que era do interesse do próprio parlamentar estar entre aqueles que iam fazer o país voltar a crescer. Era evidente para todos que a política de "gasto público é vida" havia fracassado.

"A Lei do Teto é muito dura", argumentavam.

"Verdade, porque senão o país não sai da recessão. E aí quem vai tomar o impeachment seremos nós", eu respondia. "O seu eleitor vai acabar o responsabilizando por estar desempregado. Você é membro do governo. Se o país está afundando, se todo mundo está ficando desempregado, o que que vai acontecer? Vai haver uma renovação gigante do Congresso."

Fui ao Congresso várias vezes, em reuniões que duravam até sete horas. A minha linha era ser paciente, quase zen. Diferentemente de outros que ocuparam o Ministério da Fazenda, eu sempre respeitei o congressista, mesmo quando ele me atacava. Lembrava daquela minha campanha eleitoral em Goiás e da pressão que cada deputado e cada senador recebe da sua base, eleitores que muitas vezes não entendem de economia e querem resultados rápidos. Eu ouvia a todos e repetia os meus argumentos como mantras: o Brasil precisa voltar a crescer, gerar empregos e distribuir riqueza, mas só vai fazer isso se recuperar a sua credibilidade.

Isso implicava ser também inflexível em alguns pontos. Muitos parlamentares tentaram abrir brechas na Lei do Teto, e fui firme contra isso. Eu me lembrava de que, anos atrás, as despesas do Plano de Aceleração do Crescimento não entravam para a conta do resultado fiscal, o que gerava uma distorção no resultado das contas públicas. O meu argumento era que o teto tinha um prazo de dez anos, e a sociedade teria a oportunidade de rever sua eficácia em 2026, ou mesmo antes disso.

Muita gente, até mesmo de dentro do governo Temer, queria que a reforma da Previdência fosse enviada ao Congresso antes do projeto do teto, mas fui contra. Eu sabia que a resistência às mudanças na Previdência seria ainda maior, e poderíamos acabar não aprovando nenhuma das reformas se entrássemos nessa ordem de votação.

O presidente Temer, que havia sido presidente da Câmara quatro vezes, entendeu a estratégia. O relacionamento que ele mantinha com a Câmara ajudou. Às vezes, eu entrava no gabinete dele no terceiro andar do Palácio do Planalto e havia quarenta deputados lá dentro, mal dava para caminhar. O engajamento dele foi fundamental para a aprovação.

A PEC do Teto foi aprovada na Câmara por 359 votos a 116 – 41 votos a mais que o necessário. Foi aprovada no Senado em 13 de dezembro por 53 a 16 – eram necessários no mínimo 49 votos.

A aprovação da Lei do Teto mudou o ambiente econômico. O risco Brasil começou a cair e o nível de confiança, que vinha em queda desde 2011, aumentou fortemente. A expectativa de inflação também caiu, e isso permitiu ao Banco Central iniciar uma queda vigorosa nos juros. A parceria entre política monetária e política fiscal começou a dar resultados.

Em 2016, a queda do PIB ficou em 3,3% negativos, mas é preciso lembrar que, quando assumi a economia, o país havia rodado a 5,3% negativos nos doze meses entre junho de 2015 e maio de 2016. Quando se mede o ano de 2017, o crescimento foi de 1,3%. Ou seja: o país saiu de -5,3% em maio de 2017 para +1,3% em dezembro de 2017. E a economia estava acelerando ao longo do ano. No último trimestre de 2017, por exemplo, o crescimento em relação ao trimestre anterior já era de 2,6%.

Aí nós começamos a discussão sobre outras reformas. Aprovamos a reforma trabalhista, recuperamos as contas da Petrobras e fizemos a Lei das Estatais, que proporcionou a profissionalização da direção das empresas públicas. Tão difícil quanto aprovar esta última lei foi implementá-la, especialmente na Caixa Econômica Federal, onde os interesses políticos predominavam. O trabalho da secretária Ana Vescovi, como presidente do Conselho de Administração da Caixa, foi importante para blindar a companhia de interesses políticos.

Quando a Lei do Teto foi aprovada, as despesas obrigatórias começaram a subir como percentual do orçamento. Não eram despesas com pessoal, mas com a Previdência. Era hora do meu segundo passo.

O secretário especial de Previdência, Marcelo Caetano, produziu uma proposta muito técnica de reforma, e eu retomei o processo de discussão no Congresso. Numa reunião que já durava umas cinco horas, havia um deputado que estava contra a reforma. Era contra, contra, contra. Num certo momento, já à noite, ele falou: "Ministro, o senhor vai ter que me desculpar, mas eu vou sair agora porque vou a uma festa de comemoração de vinte anos de aposentadoria de uma amiga". Eu falei: "Deputado, o senhor acabou de provar aqui a necessidade da reforma da Previdência! Acredito que a nossa discussão hoje terminou, com seu argumento a favor da reforma da Previdência". Muitos deputados riram, perplexos. Acho que ganhei alguns votos naquele dia.

No início de maio de 2017, o núcleo político do governo avaliou que poderíamos aprovar a mudança constitucional da reforma da Previdência. Nas contas do ministro da Casa Civil, Eliseu Padilha, e do líder do governo, Romero Jucá, tínhamos 329 votos na Câmara. O piso era de 308. Pelo cronograma combinado com o presidente da Câmara, Rodrigo Maia, a votação deveria acontecer em junho.

Daí aconteceu o imponderável. Em 17 de maio, foram vazados áudios de conversas entre o presidente Michel Temer e o empresário Joesley Batista.

Leituras apressadas da conversa davam a entender que o presidente estava autorizando o empresário a comprar o silêncio do ex-presidente da Câmara, Eduardo Cunha. O presidente Temer sempre negou essa versão, e a Justiça, só anos depois do escândalo, concluiu que ele tinha razão. A instabilidade política daquele momento fez com que muita gente temesse o afastamento do presidente. Foi um caos. Em um único dia, o índice da Bolsa de Valores de São Paulo caiu 9%, a maior queda desde o *crack* mundial de 2008. Só não foi pior porque a direção da B3 usou o *circuit breaker*, um sistema que interrompe o pregão em caso de acontecimentos drásticos. Naquele dia, o dólar disparou 10%.

A partir daí, a prioridade total do presidente, e do governo, passou a ser manter o mandato de Temer, ameaçado por dois pedidos de afastamento apresentados pela Procuradoria Geral da República, e acalmar o mercado.

Nos dias que se seguiram, conversei com dezenas de banqueiros e corretores do Brasil e do exterior para garantir que não haveria uma hecatombe, que o governo mantinha uma base sólida no Congresso para responder ao ataque e que eu e minha equipe iríamos continuar trabalhando como sempre. Aquele era um momento no qual manter a cabeça no lugar era a nossa única saída.

Foram três meses de muita conversa até que o Ibovespa retornasse aos indicadores do início de maio. Depois dos primeiros dias de pânico, a base do Congresso se reagrupou e derrotou as duas votações de pedido de afastamento do presidente. Mas a janela de oportunidade para a reforma da Previdência havia se fechado. Eu insisti no tema, esperando que o fim da crise política pudesse nos devolver a oportunidade da reforma. Em fevereiro de 2018, no entanto, o governo decretou intervenção federal na segurança pública do estado do Rio de Janeiro e, legalmente, quando isso ocorre, todas as emendas à Constituição ficam suspensas.

O saldo positivo é que, ao apresentar o assunto de forma adulta para a sociedade, conseguimos enfrentar muitos dos mitos envolvendo a reforma, o que ajudou na aprovação do projeto em 2019.

*

Nos governos posteriores, vários dos avanços que obtivemos na gestão Temer tiveram um retrocesso. Em 2022, os limites de gastos foram desrespeitados para acomodar gastos eleitoreiros, houve um calote técnico para não pagar precatórios e o período de uso da inflação para calcular o teto foi alterado. O critério de cálculo era de junho de um ano até junho do outro ano, o mesmo usado pela Lei do Orçamento. Então passou a ser de dezembro a dezembro apenas para abrir uma brecha para novos gastos, aproveitando um semestre de inflação alta.

Em 2021, quando a equipe econômica planejava um calote no pagamento dos precatórios, membros do governo Bolsonaro iniciaram um forte ataque ao teto de gastos, com a justificativa de que era necessário afrouxar os gastos para ajudar na recuperação da economia após a pandemia de covid-19. Numa das inúmeras entrevistas que dei sobre isso, a colunista Cláudia Safatle, do jornal *Valor Econômico*, me perguntou: "O que o senhor acha, agora que o teto está desmoralizado?". "Não, o teto não está desmoralizado. O que está desmoralizada é a política fiscal, por não estar respeitando integralmente o teto", respondi.

Uma das críticas mais comuns que a Lei do Teto recebia, tanto de bolsonaristas quanto de lulistas, era de que com a limitação de gastos não seria mais possível cumprir a agenda social. Trata-se de um sofisma. O governo quer aumentar seus gastos em saúde, educação e investir em infraestrutura? Pois faça a reforma administrativa, gaste menos com a máquina, e abra espaço dentro do limite do teto. Pronto. "Ah, mas politicamente não dá!", respondem. Bom, se politicamente não é possível fazer as duas coisas certas, então nós temos um problema: o país não vai crescer.

A essência do problema é que governar é diferente de ser candidato. Num debate de TV ou num palanque, é natural que o político minimize os problemas que vai enfrentar e maximize a sua capacidade de resolvê-los. No governo, discurso não gera crescimento econômico, investimento e emprego. Governar bem é fazer escolhas difíceis, algumas vezes duras, mas responsáveis.

CAPÍTULO 12

CHAMA O MEIRELLES! (A CAMPANHA PRESIDENCIAL DE 2018)

A vida é feita de erros, acertos e aprendizados. Eu queria ser candidato a presidente. Achava sinceramente que o trabalho que estávamos executando no governo Temer precisava ser continuado para que muitas das transformações iniciadas nos dois anos de mandato se consolidassem. Havíamos enfrentado a pior recessão do século, retomado o crescimento sustentável, recuperado a credibilidade fiscal com a Lei do Teto, iniciado o maior ciclo de queda de juros da história, atualizado a legislação trabalhista ao reformar leis ainda do governo Getúlio Vargas, implantado a Lei das Estatais, que reduziu as influências partidárias nas empresas federais, resgatado a confiança do mercado na Petrobras e no BNDES e iniciado debates públicos sobre questões fundamentais para o futuro do Brasil: as reformas da Previdência, da administração pública e tributária.

Como o presidente Temer não pretendia disputar a reeleição, achei que era meu papel representar essa agenda de reformas.

Deixei o governo Temer em 6 de abril de 2018 para ser candidato a presidente da República pelo MDB. O ex-governador do Rio Grande do Sul, Germano Rigotto, foi o meu companheiro de chapa. Chamei o economista José Marcio Camargo para fazer o programa econômico e meu amigo Fernando Tembra para coordenar o dia a dia da campanha. Menos de dois meses depois, em 21 de maio, aconteceu a greve dos caminhoneiros, um protesto contra a alta dos preços do óleo diesel que fechou estradas, interrompeu o abastecimento de combustível e alimentos e descarrilou o crescimento do país. Por dez dias, caminhoneiros, empresas de transporte e políticos populistas pararam o país reclamando da política de preços da Petrobras. Cidades ficaram desabastecidas, a inflação explodiu e o investimento parou. Em função direta desse protesto, o PIB daquele ano, que estava sendo estimado em 2,8%, terminou em 1,8%.

A greve teve grande impacto na minha campanha, já que eu era o candidato de Temer. A aprovação do governo, que nunca tinha sido alta, piorou: a população não responsabilizou os caminhoneiros pelas prateleiras vazias, mas sim o próprio Temer. O clima de tumulto ajudava candidaturas antissistema como a de Jair Bolsonaro.

A campanha eleitoral trouxe a minha trajetória, mostrando na TV como o meu trabalho no Banco Central e no Ministério da Fazenda havia ajudado as pessoas. Era uma campanha baseada na razão. Eu havia me inspirado nas campanhas de Fernando Henrique Cardoso em 1994 e 1998, com o Plano Real. Ele pedia o voto por um fato concreto, a estabilização da economia. Num primeiro momento, achei que o fato de eu ter tirado o Brasil da recessão poderia ter um efeito similar ao que o Plano Real deu a Fernando Henrique. Com o tempo, entendi o meu erro.

Havia uma diferença de percepção. A sensação de bem-estar do cidadão médio com o Plano Real era maior que com o fim da recessão em 2018, ainda mais depois da greve dos caminhoneiros. E havia a novidade das redes sociais. A nossa campanha tinha excelentes marqueteiros, mas era baseada na televisão.

Uma marca que me acompanha até hoje é o slogan "Chama o Meirelles!". O slogan foi criado na minha casa, em São Paulo, quando estávamos eu e os marqueteiros Chico Mendez, Paulo Vasconcelos e Guillermo Raffo discutindo como ia ser produzido um vídeo em frente à sala onde fazíamos as gravações. Estávamos desenvolvendo ideias dentro desse mote: eu havia sido chamado pelo Lula e fui ao Banco Central resolver o problema da crise de 2002, e depois fui chamado pelo Michel Temer para enfrentar uma nova crise, a de 2016. O Guillermo disse: "Falando com o eleitor, o Lula chamou, o Temer chamou... Vamos dizer ao eleitor: Chama o Meirelles!". Mas era um momento em que prevalecia o voto antissistema e o início da polarização política e ideológica.

Com o presidente Lula preso, o candidato do PT era o ex-prefeito Fernando Haddad, que se colocava como o herdeiro dos oito anos de Lula, sem citar os seis anos de Dilma. Compreensivelmente, os eleitores atribuíam ao PT o crescimento e a geração de empregos dos anos Lula. Eu fiz uma campanha em que procurei mostrar que aquele crescimento econômico tinha sido resultado da estabilização da economia trazida também pelo meu trabalho no Banco Central, mas a população não entendia essas tecnicalidades. Cometemos um erro de avaliação naquele momento. O que prevaleceu foi o fato de o PT ser responsável por emprego e renda, de um lado, e Bolsonaro ser o candidato antissistema, de outro. Ninguém prestou atenção em mais nada.

Do ponto de vista pessoal, no entanto, foi uma campanha riquíssima. Viajei por todo o Brasil. Conversei com empresários do agro e da indústria, estudantes e professores, pastores evangélicos e padres, gente que gostava do Lula e gente que odiava o Lula, gente que gostava do Bolsonaro e gente que odiava o Bolsonaro.

A experiência nos debates presidenciais foi muito interessante. Inicialmente, a pessoa que mais preocupava era o ex--governador Geraldo Alckmin, que havia formado uma grande aliança de partidos à direita e ao centro, começando com o PSDB. Mas o desempenho dele no debate foi fraco. Havia o Fernando Haddad, repetindo os slogans do PT sem muito brilho. E havia o Guilherme Boulos, do PSOL, que proporcionou alguns embates engraçados. Ele começou a questionar o fato de a minha campanha ser toda patrocinada por mim, como se isso fosse um defeito. "Guilherme, eu construí tudo que eu tenho a partir de muito trabalho. Trabalho duro. Eu sei que para você isso pode parecer estranho, essa história de trabalhar..." É pueril a crítica de ter financiado toda a campanha presidencial com o meu dinheiro, deixando os recursos do Fundo Eleitoral para os candidatos do partido a outros cargos. O dinheiro oriundo do meu trabalho foi gasto numa campanha limpa.

O fato é que Bolsonaro, o grande personagem dos debates, não estava lá. Ele até foi a dois debates no começo, nos quais teve uma participação fraca, mas deixou de participar depois do atentado que sofreu em Juiz de Fora.

O atentado foi gravíssimo do ponto de vista da saúde do candidato, mas eleitoralmente decidiu a disputa. Bolsonaro ficou na cama do hospital, como se fosse vítima não de um louco, mas de todo um sistema político. No hospital, Bolsonaro teve quatro vezes mais tempo de exposição na TV do que todos os demais candidatos somados.

O clima de emoção que tomou conta do país comprovava que aquele era um momento de paixão, não de racionalidade. O eleitor, ao menos o eleitor de 2018, buscava coisas mais bombásticas. O caráter afetivo e emocional do brasileiro prevaleceu no caso de Bolsonaro. Eu podia passar horas falando sobre a importância de um investimento massivo em educação básica, da facilitação do ambiente de negócios para atrair novos investimentos e de como um Estado mais enxuto poderia investir mais em saúde, mas isso não conquistava o público. A realidade mostrou que foi eleito alguém que fazia o contrário disso: ele não tinha proposta nenhuma.

Alguns dos marqueteiros tentaram me convencer a mudar o rumo da campanha, mas não concordei. Um deles, Guillermo Raffo, propôs uma propaganda na televisão que mostraria a carreira de Bolsonaro, dizendo algo como "ficou tantos anos na Câmara sem aprovar nada, sem se pronunciar" etc. Do outro lado, os problemas da administração petista no governo Dilma, e aí dizia: "Você sabe no que isso vai dar: isso vai dar merda". Eu achei que seria uma coisa escatológica colocar palavrão na publicidade. Substituímos por outra palavra, mas o efeito foi nulo. Olhando retrospectivamente, talvez algo drástico tivesse funcionado melhor num momento onde era preciso gritar alto para chamar atenção.

Num dia de campanha no Mato Grosso do Sul, ouvi líderes da região defendendo a liberalização completa do uso de armas. A ideia era cada um com um revólver na mão para pregar fogo nos bandidos. Tentei ser racional: "Então vamos voltar à selvageria? Cada um se defende, não tem lei, não tem ordem, não precisa mais da Justiça, por que vamos decidir tudo no tiro – e quem tiver mais pontaria, estiver mais bem armado e for mais agressivo vai sobreviver?", perguntei. Saí do evento com a certeza de que não havia ganhado nenhum voto.

Como do ponto de vista objetivo não existia a menor possibilidade de vencer, fiz uma campanha leve, sem ataques pessoais, sem escândalos. Aproveitei o tempo de TV que eu tinha para ser didático, explicando por que na minha opinião o Brasil só vai se desenvolver com uma educação básica e fundamental de alta qualidade, que o Estado ajuda o país ao abrir espaço para o investimento privado e que a melhor política social é gerar empregos. Fiz a minha parte e saí da campanha de cabeça erguida.

*

Logo depois da eleição de 2018, em novembro, participei de um seminário na Cidade do México, organizado pela universidade Stanford, da Califórnia. A discussão era sobre a democracia nas Américas. Um dos palestrantes era Steve Bannon, responsável pela campanha de Donald Trump em 2016. Ele falou depois de mim, defendendo todas as ideias que tinha de marketing eleitoral através de redes sociais. Dizia que o poder das redes sociais era superior à realidade, pois podia-se criar uma realidade própria.

Na palestra, ele se intitulou o responsável pela vitória de Jair Bolsonaro em 2018, operando através dos filhos do então presidente. Na visão dele, a vitória era resultado da realidade paralela na qual Bolsonaro se apresentou como o representante da antipolítica. Num momento em que o país estava sob o efeito da Operação Lava Jato e existia uma grande revolta com os políticos, Bolsonaro se apresentava como aquele que combatia a corrupção.

Sabemos que por 27 anos Bolsonaro fora um deputado do baixo clero, sem ter feito nada na Câmara. Era exatamente o tipo de político do qual a população queria se livrar. Ele e os três filhos vivem da política. Steve Bannon mostrou na palestra como conseguiu criar essa realidade paralela do Bolsonaro antipolítico.

Depois desse encontro no México, ficou claro para mim quanto Bolsonaro aprendeu com Bannon. Entendi um episódio que aconteceu em um dos poucos debates em que ele esteve, quando nos defrontamos. Eu perguntei por que as mulheres deveriam ganhar menos do que os homens, como ele tinha dito em Santa Catarina alguns dias antes. Ele não respondeu nada, simplesmente ficou gritando: "É mentira! É mentira! Eu nunca falei isso!". A declaração estava gravada, mas isso não importava para o mundo da realidade paralela.

Depois, entendi o que Bolsonaro estava fazendo naquele debate: criando uma realidade paralela. As pessoas não foram verificar o que de fato tinha acontecido. Elas entraram na realidade que estava sendo criada por ele naquele momento. Como é que ele criou a realidade paralela ali? Através da ênfase, através do grito, através da expressão verbal e corporal. E isso convenceu muita gente. O resto, do ponto de vista eleitoral, era um mero detalhe.

Entendi ali que a minha campanha nunca teve chance. Ela era baseada na razão, no esclarecimento, e usava a televisão; enquanto Steve Bannon fez a campanha de Bolsonaro baseado na criação da realidade paralela, na emoção, e tudo isso só é possível com as redes sociais. Imagens rápidas, frases fortes e sentenças curtas, muita emoção e pouca razão.

A palestra de Bannon me esclareceu. Por um lado, entendi o que tinha acontecido na campanha. Por outro, me permitiu entender antes de muitas pessoas o que iria acontecer nos quatro anos seguintes.

CAPÍTULO 13

A SAÚDE A GENTE VÊ ANTES (A PANDEMIA NA SECRETARIA DA FAZENDA E PLANEJAMENTO DE SÃO PAULO, 2019-2022)

Depois da eleição de 2018, eu pretendia voltar para a iniciativa privada. Foi quando o governador eleito de São Paulo, João Doria, do PSDB, me convidou para ser o responsável pela economia do estado. A ideia, à princípio, não me entusiasmou. Foram dois meses de conversa, tempo em que evoluímos para acrescentar à estrutura da secretaria, além da área de arrecadação, também o planejamento do estado e as privatizações. Poucos dias antes da posse, perto do Natal de 2018, recebi um telefonema do Doria.

Preocupadíssimo, ele me contou que havia recebido a visita do presidente da General Motors do Brasil, avisando que a matriz, depois de noventa e três anos, havia decidido fechar suas fábricas em São Caetano do Sul e São José dos Campos. Embora líder no mercado automotivo, a GM do Brasil estava tendo prejuízos e o Conselho de Administração havia decidido reestruturar suas unidades. Eles já haviam saído da Alemanha, estavam num movimento similar no Reino Unido e agora era a hora do Brasil.

Na conversa com Doria, o presidente da GM Mercosul, o argentino Carlos Zarlenga, informou que o anúncio público seria feito em 11 de fevereiro. A gravidade do momento era evidente.

Estávamos assumindo o estado, que ainda sofria com as consequências da recessão de 2015-2016, com uma notícia que eliminaria 60 mil empregos diretos e 375 mil indiretos no setor de autopeças, revendedoras etc. O efeito na cadeia produtiva seria imenso, sem contar o choque que seria iniciar assim uma administração cujo espírito era o de atrair negócios e investimentos.

Enquanto Doria me contava a história, lembrei de um conhecido que era diretor da GM Américas, Barry Engle. Não conversávamos havia anos, mas, aproveitando esse período de conversas informais do fim do ano, telefonei para ele. Eu queria verificar se eles iriam fechar mesmo a fábrica, ou se aquela era meramente uma tática para a negociação de impostos ou algum tipo de incentivo.

"Eu não gostaria de fechar as empresas no Brasil, mas o problema é que ela não pode continuar dando prejuízo. Não temos condições de manter uma unidade que está perdendo dinheiro há diversos anos", respondeu Engle.

"Se vocês fecharem as unidades no Brasil, para onde iria a empresa?", perguntei.

"Para a Coreia do Sul ou o México, dependendo um pouco das condições oferecidas pelo governo mexicano."

"Ainda não assumi a secretaria, mas precisamos conversar."

Engle vive em Detroit, então marcamos uma reunião presencial no meio do caminho, num hotel que fica dentro do Aeroporto Internacional de Miami. Era 23 de dezembro. Sentamo-nos os dois, ele me mostrou os dados e, de fato, era uma operação perdedora. A determinação para sair do Brasil era da CEO da companhia, Mary Barra. Liguei também para alguns membros do conselho da GM.

Engle telefonou para Carlos Zarlenga, que naturalmente estava aborrecido por perder uma operação sob o seu comando. Combinamos ali que, entre o Natal e o Ano-Novo, Zarlenga convocaria uma reunião com todos os presidentes e fornecedores da GM, e também uma com os revendedores da GM. E que nós do governo do estado convocaríamos uma reunião com o Sindicato dos Metalúrgicos do ABC e de São José dos Campos.

A primeira reunião aconteceu em São Caetano do Sul, na sede da GM, com os fornecedores. A reação deles foi passivo-agressiva. Ora diziam que a decisão da montadora "era um absurdo", ora que era "um blefe para obter vantagens".

Quando entrei na sala, tentei dar um choque de realidade. "Eu conheço a General Motors. Conversei com muitos membros do conselho de administração da empresa, membros independentes, pessoas que são presidentes de outras empresas, que não são funcionários da GM, e o fato é que a empresa está perdendo dinheiro no Brasil. Ela vai fechar, e para vocês isso será um prejuízo enorme", disse. No auditório havia fornecedores de São Paulo, mas também de Minas Gerais, Santa Catarina, Paraná, Espírito Santo e Amazonas. A saída da GM causaria um efeito dominó por todo o país.

A resposta foi um silêncio. A ficha estava caindo.

"Como isso pode ser resolvido? Só vejo uma solução: todos vão precisar colaborar. Os fornecedores terão que cortar margens, os trabalhadores terão de renunciar a algumas vantagens, o estado terá que repensar os tributos e a companhia, remodelar seu plano de negócios. Não é simples. Porque se um desses parceiros não concordar, não tem como dar certo. Mas se todos se empenharem por um acordo, podemos chegar num denominador", argumentei.

Depois, a conversa se repetiu com os revendedores, que concordaram com um desconto padrão de 50% da margem. Com os sindicatos de trabalhadores, a montadora negociou o fim de reajustes reais e de algumas vantagens extrassalariais.

Em janeiro, após regressar de reuniões na matriz, Zarlenga enviou um e-mail aos funcionários dizendo que seriam tomadas duras decisões, que exigiriam "o sacrifício de todos" para estancar prejuízos que "não poderiam mais se repetir".

Foram dezenas de reuniões ao longo de dezembro e janeiro, mas nós, o governo, tínhamos um desafio como responsáveis pelo dinheiro público: não podíamos privilegiar a GM em detrimento de outras companhias.

Foi assim que montamos o mais ambicioso programa de apoio à indústria automobilística dos últimos anos, chamado de IncentivAuto. Era inédito, porque o que se fazia normalmente, era simplesmente dar um subsídio para o setor. O que nós dissemos foi: "Vamos incentivar investimentos novos, mas não vamos dar subsídio para operações já existentes". Se uma companhia decidisse abrir uma planta nova, com veículos que não estavam sendo produzidos antes ou em quantidades maiores, ela teria nosso apoio. Só que não através de um subsídio, e sim por uma diminuição do ICMS cobrado sobre o adicional. Não seria, portanto, um corte unilateral para a empresa inteira, mas apenas para o resultado do investimento novo.

Esse projeto funcionou a tal ponto que, no dia 11 de fevereiro, data que o *board* da GM havia decretado como a data para o anúncio formal do fim das operações no Brasil, Carlos Zarlenga anunciou que a companhia iria investir 10 bilhões de reais a mais nas unidades de São Paulo.

Uma notícia extraordinária, que evidentemente gerou um choque de otimismo. Depois, a Toyota e a Volkswagen também anunciaram investimentos. Na Alemanha, estive nas instalações da Volkswagen em Wolfsburg, uma cidade que só existe em função da montadora. Nas conversas, acordamos que pela primeira vez na história da Volkswagen eles desenvolveriam e produziriam um novo veículo fora da Alemanha, na fábrica em São Bernardo do Campo. Na nossa visita ao Japão, a Toyota anunciou que pretendia fabricar em Indaiatuba um novo modelo de carro híbrido, com um motor a gasolina ou etanol e outro elétrico.

O episódio reforça um dos princípios da economia real, a expectativa. A expectativa tem um papel extremamente relevante não só na inflação, mas também no investimento. Quando um governante mostra aonde quer chegar de forma clara e direta, sem titubeios, sem enrolação, sem usar o cargo apenas para ter vantagens políticas, ele gera confiança nos agentes econômicos. Isso vale para a GM, mas também para um microempresário. Um padeiro em uma cidade do interior só vai comprar um forno novo e contratar mais funcionários se tiver confiança de que vai vender mais pães. Ele se arrisca todos os dias que abre as portas: conta com a entrada de pessoas dispostas a comprar seus produtos. Grandes corporações correm grandes riscos, mas empreendedores menores fazem o mesmo. E só o fazem se confiam que existe um mercado consumidor, que a economia vai crescer. Por isso, a primeira missão de um governante é ser confiável e gerar expectativas realistas.

Foi isso que fiz ao longo de 2019, quando, por motivos ideológicos do governo Bolsonaro, o Brasil passou a gerar um mal-estar em parceiros de longa data, como a França e a

China. Minha missão foi mostrar que São Paulo era diferente do governo federal, que era possível ao investidor estrangeiro confiar em São Paulo mesmo sem gostar de Brasília.

A primeira coisa que notei é que existe um desconhecimento sobre a estrutura federativa do Brasil. Muitos empresários não tinham conhecimento de que cada estado brasileiro tem sua própria política tributária e de concessões públicas. Explicar isso foi fundamental para atrair capital estrangeiro para a concessão da rodovia Piracicaba-Panorama, a maior concessão de rodovias já realizada no Brasil.

O Fundo Soberano de Singapura e o fundo americano BlackStone, associados ao Consórcio Infraestrutura Brasil, venceram o leilão se comprometendo a investir 14 bilhões de reais na estrada que vai de Piracicaba até o extremo oeste do estado, na divisa com o Mato Grosso do Sul.

O resultado disso foi que São Paulo voltou a crescer. Em 2019, crescemos mais que a média nacional. Em 2020 e 2021, com a pandemia que afundou a economia mundial, São Paulo manteve o mesmo desempenho do PIB do Brasil – isso apesar de ter uma economia com forte presença do setor de serviços, o mais afetado pela crise.

O nome do segredo é confiança.

*

Quando surgiram os primeiros casos de covid-19 na China, a economia sentiu rapidamente. Em março houve a decretação da pandemia global e o mundo parou para tentar entender como reagir ao vírus.

A atividade começou a cair em abril e afundou entre maio e julho no Brasil – particularmente em São Paulo. Foi uma queda forte. Considerando a expansão da pandemia no Brasil e em São Paulo, nós discutimos no governo a possibilidade de adotar restrições nos setores mais vulneráveis à transmissão, aqueles que geravam aglomerações. Adotamos o isolamento social e restrições para algumas empresas. Essas restrições foram duramente atacadas pelo governo federal, particularmente pelo presidente Jair Bolsonaro, e mesmo pelo Ministério da Saúde.

Naquele momento, Bolsonaro dizia que não se poderia fazer quarentena, porque isso iria prejudicar a economia. Ele declarou que a covid-19 era uma mera gripezinha e começou a andar sem máscara, gerar aglomerações. Era a tal realidade paralela que se permite criar através das redes sociais.

A frase "A economia depois a gente vê" nunca existiu, mas virou um mantra do presidente para carimbar qualquer um que pensasse diferente dele. O que estava gerando a crise econômica não era o *lockdown*, era o vírus. As restrições foram uma defesa para a população diante do perigo da pandemia.

Quando o número de casos de covid-19 arrefeceu, o estado de São Paulo liderou a retomada do crescimento, porque entendeu que a essência era proteger a população e depois incentivar a retomada econômica o mais rápido possível. Esse plano permitiu não só salvar centenas de milhares de vidas, como também uma retomada econômica mais forte.

Obviamente, durante a pandemia houve uma pressão enorme das empresas sobre o governo de São Paulo para liberar a abertura de shoppings, academias e o comércio em geral, que estava sendo duramente afetado. Apesar das dificuldades e da grande repercussão gerada, o fato é que apenas 26% das empresas do estado de São Paulo foram atingidas pelas medidas de restrição adotadas pelo governo; 74% delas continuaram funcionando normalmente durante a pandemia.

Logo em seguida, começamos a estabelecer protocolos para liberar as restrições. Estabeleceu-se, por exemplo, distância mínima de trabalho entre os funcionários, uso de divisórias, máscara, álcool em gel, número máximo de clientes por metro quadrado no comércio de rua, normas de funcionamento em shopping centers. Como resultado dessa retomada organizada das atividades, houve no segundo semestre daquele ano uma volta muito grande da confiança na economia em São Paulo. A partir de setembro a economia melhorou.

Quando se começou a falar em vacina, foi de grande utilidade o escritório que o governo de São Paulo havia aberto em Xangai. Foi esse escritório que negociou com a farmacêutica chinesa Sinovac e tornou possível a CoronaVac ser produzida no Butantã e se tornar a primeira vacina disponível no Brasil.

Naquele momento, comecei a dizer, nas entrevistas principalmente, que "o nome do crescimento econômico em 2021 é vacina": quanto mais rápido fosse a vacinação, maior seria a taxa de crescimento. Isso se revelou verdadeiro, tanto que a economia de São Paulo, de fato, cresceu mais do que a economia brasileira em 2021, porque o estado começou a vacinar antes. Foi justamente quando Bolsonaro ainda estava com aquela coisa de produzir *fake news* como "vacina faz mal", "não tome a vacina, senão você vira jacaré" ou "em vez de vacina, você toma cloroquina".

A pandemia de covid-19 marcou uma geração. Centenas de milhares de pessoas morreram pela demora da chegada da vacina e pela desinformação sobre os riscos reais da contaminação. A politização da pandemia foi um momento trágico, e tenho confiança de que em São Paulo estivemos do lado certo da história.

CAPÍTULO 14
AS IDEIAS FICAM (2022-2023)

Em 2022, tivemos uma eleição extremamente polarizada entre um candidato de direita, extremamente personalista, com um governo que, apesar de não ter conseguido cumprir muita coisa do que tinha prometido na economia, tinha em posições importantes da economia autoridades que tentaram seguir uma direção liberal, sem muito sucesso – e um candidato de esquerda propondo uma linha extremamente estatizante, em que o crescimento seria impulsionado pelo governo, despesas públicas etc.

Em agosto, dois meses antes do primeiro turno, eu já havia encerrado o meu ciclo na Secretaria da Fazenda de São Paulo e fui procurado por Geraldo Alckmin, em nome de Lula, para apoiá-lo. Depois fui procurado pelo deputado federal petista Alexandre Padilha, com um convite para participar de um evento em um hotel em São Paulo, de ex-candidatos a presidente que dariam apoio a Lula. Decidi participar.

Basicamente, fiz um movimento, junto com diversos outros economistas e participantes do mercado, como Armínio Fraga, Edmar Bacha, Pedro Malan e Pérsio Arida, para que nosso apoio pudesse influenciar um eventual governo Lula 3 a ser similar ao seu primeiro mandato. Foi o que eu disse no evento de apoio: que ele tinha exercido um governo de austeridade fiscal, de controle das despesas públicas, e o resultado disso é que o Brasil cresceu uma média de 4% ao ano, gerou 10,8 milhões de empregos e mais de 40 milhões de brasileiros saíram da pobreza. Disse que estava ali o apoiando na expectativa de que ele seguisse esse caminho vitorioso de controlar a inflação.

Durante a minha carreira pública, defendi sempre uma linha de responsabilidade fiscal, de controle da inflação e de crescimento sustentável. Muitos políticos concordam com isso na teoria, mas têm dificuldades de tomar as decisões necessárias.

A única solução foi uma medida direta, simples e dura: o teto de gastos. Com ele, as despesas públicas não poderiam crescer acima da inflação do ano anterior. E isso funcionou muito bem. Entre junho de 2015 e maio de 2016, a economia brasileira tinha caído cerca de 5,3%, uma recessão brutal. Depois do teto de gastos, a economia cresceu 1,3% em 2017. Tivemos aí um salto de 6,6%, o que mostra a eficiência do teto.

Uma série de outras reformas foram empreendidas nessa época. A reforma trabalhista foi muito importante, porque visou simplificar a legislação trabalhista brasileira. O que me impressionou na ocasião foi a conversa que tive com a direção de uma empresa global. O CEO da empresa me disse que tinha 70 mil funcionários no Brasil e outros 70 mil nos Estados Unidos. Nos Estados Unidos, eles tinham 27 processos trabalhistas e dois advogados trabalhando em período parcial para cuidar deles. No Brasil, com as mesmas práticas trabalhistas, eles tinham 25 mil processos trabalhistas e quatro advogados trabalhando em período integral. Isso gera custo, falta de produtividade – basicamente, baixo crescimento. Então, a reforma trabalhista foi fundamental. Ela precisa ser aperfeiçoada; como toda reforma, é um processo dinâmico. Desde então, por exemplo, a expansão do comércio eletrônico foi demandando regulamentação.

Houve também uma série de outras reformas, como a da Previdência. Como já relatei, trabalhei durante o governo Temer por essa reforma, que tinha um projeto pronto. Fiz reuniões longas no Congresso, de quatro, cinco horas de duração – a mais longa durou seis horas e meia. Tudo isso gerou o clima que viabilizou a reforma em 2019, ano seguinte à minha saída do ministério. Foi absolutamente fundamental para o Brasil.

A profissionalização das empresas públicas, com a Lei das Estatais, é um ganho para os contribuintes. A lei dificulta bastante a iniciativa de nomear para o comando dessas empresas alguém sem capacidade, apenas por vontade ou acordos políticos. É fundamental para o Brasil uma administração profissional das empresas de propriedade do governo.

Conseguimos aprovar a Lei do Cadastro Positivo. Até aquela época, o banco era dono do cadastro do cidadão: se a pessoa fosse tentar abrir um crédito em outro banco, não seria possível este outro banco ter acesso ao cadastro. Conseguimos aprovar no Congresso um projeto para que o cadastro passasse a ser propriedade do cliente, não do banco. Isso viabilizou muitas coisas, inclusive o Pix, o *open banking* etc., e possibilitou toda a modernização feita no sistema financeiro e no Banco Central, viabilizando a evolução do sistema de pagamentos e aumentando a produtividade.

A Lei da Independência do BC foi aprovada em 2021, a partir de um projeto que apresentamos em 2017. Tínhamos tentado isso quando assumi a presidência do BC em 2003, como já contei.

Hoje existem análises mostrando que, em função dessa série de reformas, o crescimento potencial do Brasil pode ter aumentado acima do que esperam os analistas. Talvez por isso, em algumas ocasiões, o crescimento tenha surpreendido positivamente. Uma parte importante disso certamente é resultado de todas essas reformas, que aumentaram a taxa de produtividade do país.

Algo fundamental, e que não é muito comentado, é a questão das reservas internacionais, um dos mais importantes legados para o país. A importância das reservas aparece quando o Brasil enfrenta crises. A de 2015-2016 é um exemplo: foi uma crise meramente fiscal, resolvida com controle de gastos. O Brasil não é mais assombrado pela frase de Mario Henrique Simonsen: "A inflação aleija, mas o câmbio mata". Crises como as dos anos 1970 e 1980, causadas por falta de dólares para pagar importações e dívidas, não são mais um perigo. Tudo isso faz parte de um legado importante.

As ideias que defendo desde o início da minha vida pública, e que defendi na campanha de 2018, estão prevalecendo. O teto de gastos foi substituído pelo arcabouço fiscal, aprovado pelo Congresso em agosto de 2023, mas o conceito de controle das despesas permaneceu. As próprias metas estabelecidas pelo governo para equilibrar o déficit público nos próximos anos são resultado dessa conscientização que existe hoje no país de que é necessário controlar as despesas públicas.

Existe hoje um certo consenso em torno da independência do Banco Central, do controle fiscal e da inflação. Tanto é assim que estamos com um governo de esquerda que propôs um arcabouço fiscal com premissas de redução do déficit público e fez aprovar no Congresso a reforma tributária. Existe um debate, o que é normal, entre direita e esquerda, mas o que interessa são os fatos – e o fato é que não houve um "revogaço" dos avanços anteriores.

É possível, sim, fazer o Brasil crescer. A realidade do país está se impondo. Neste século, tivemos governos de esquerda exitosos, governos de esquerda fracassados, presidentes de centro-direita e de extrema direita. Superamos uma crise internacional de confiança, atravessamos a maior crise mundial em quase cem anos, caímos numa recessão, levantamos, sofremos com a pior pandemia global e chegamos até aqui. Olhando para trás, foi uma trajetória difícil, mas saímos mais fortes. Aprendemos com os nossos erros.

Ainda é preciso perseverar em decisões difíceis para fazer o Brasil crescer de forma sustentável, mas a cada ano fica mais claro que existe um consenso quanto ao que é preciso ser feito. É manter o rumo e a calma sob pressão.

**Acreditamos
nos livros**

Este livro foi composto em Sabon LT Std e impresso pela Lis Gráfica para a Editora Planeta do Brasil em agosto de 2024.